FROSCHMAUL

GESCHICHTEN

Andreas Steinhöfel, geb. 1962, arbeitet als Übersetzer und Rezensent und schreibt Drehbücher – vor allem aber ist er Autor zahlreicher Kinder- und Jugendbücher. Für »Rico, Oskar und die Tieferschatten« erhielt er u. a. den Deutschen Jugendliteraturpreis. 2009 hat Andreas Steinhöfel den Erich-Kästner-Preis für Literatur verliehen bekommen, 2013 wurde er mit dem Sonderpreis des Deutschen Jugendliteraturpreises für sein Gesamtwerk ausgezeichnet und 2017 folgte der James-Krüss-Preis. Andreas Steinhöfel ist als erster Kinder- und Jugendbuchautor Mitglied der Deutschen Akademie für Sprache und Dichtung.

Peter Schössow, Jahrgang 1953, gehört zu den renommiertesten deutschen Illustratoren. Nach seinem Studium an der Fachhochschule für Gestaltung in Hamburg arbeitete er unter anderem für Spiegel, Stern und Die Sendung mit der Maus. Darüber hinaus hat er eine Vielzahl von Kinderbüchern verfasst und illustriert, für die er mehrfach ausgezeichnet wurde, unter anderem mit dem Troisdorfer Bilderbuchpreis und dem Deutschen Jugendliteraturpreis. Peter Schössow lebt in Hamburg.

ANDREAS STEINHÖFEL

FROSCHMAUL

GESCHICHTEN

Mit Vignetten von

Peter Schössow

CARLSEN

Außerdem von Andreas Steinhöfel im CARLSEN-Verlag:

Rico, Oskar und das Vomhimmelhoch
Rico, Oskar und die Tieferschatten
Rico, Oskar und das Herzgebreche
Rico, Oskar und der Diebstahlstein
Dirk und ich
Anders
Die Mitte der Welt
Honigkuckuckskinder
Der mechanische Prinz
Defender
Es ist ein Elch entsprungen
und viele mehr

AUCH ALS HÖRBUCH BEI SILBERFISCH

FSC
www.fsc.org
MIX
Papier aus verantwortungsvollen Quellen
FSC® C083411

Veröffentlicht im Carlsen Verlag
November 2019

Umschlagillustration und Vignetten: Peter Schössow
Umschlaggestaltung und -typografie: Peter Schössow
Corporate Design Taschenbuch: bell étage
ISBN 978-3-551-31867-1

Inhalt

Elmer

Als Kind lernte ich, dass man nicht schlecht über andere Menschen reden soll. Dass man sich nicht lustig machen darf über sie, wenn sie doof aussehen oder einfach nur bescheuert sind – wäre ja möglich, sie können nichts dafür.

Elmer war fett und selbst dran schuld. Tatsächlich war er der fetteste Junge, den ich je zu Gesicht bekommen hatte. Jeden Freitagnachmittag, wenn ich mit meinen Eltern nach der einstündigen Autofahrt auf dem Zeltplatz ankam, gab es mehr Elmer als am Wochenende zuvor. Er trug Plastiktüten von LIDL oder ALDI mit sich herum, die er uns anderen unter die Nase hielt.

»Willste Lecker?«

Es gab einige andere Kinder auf dem Zeltplatz. Brecht war mein bester Freund. In die rothaarige Rieke, die Rocksängerin werden wollte, war ich verknallt. Sie konnte nicht singen, aber mir gefiel die Begeisterung, mit der sie es nicht konnte. Noch besser gefiel mir Britta, der in jenem Sommer ein ziemlich guter Busen wuchs. Er machte mich völlig wuschig, dieser Busen. Gleichzeitig schüchterte er mich ein, also blieb ich vorsichtshalber erst mal in Rieke verknallt.

Es gab da noch so diesen und jenen.

Und es gab Elmer.

Seine Plastiktüten waren magisch. Wie oft man auch in sie hineingriff, blieben sie scheinbar dennoch immer bis zum Rand gefüllt. Schokoriegel und Kaugummis, Gummidrops, Lakritze, Minisalamis, krachscharfe Chips. Und das waren nur die Sachen, die obenauf lagen.

Elmer nervte. Keiner wollte freiwillig mit ihm spielen. Er war zu langsam, falls man schnell von den Weibertoiletten abhauen musste, in die man durch eine Ritze in der Wand gucken konnte. Er war zu unbeholfen, um von einem Baum wieder runterzukommen, auf den er geklettert war – falls er es überhaupt höher als einen Meter schaffte. Er hatte kleine Schweineaugen und eine Stimme, die klang, als würde jemand Mickymaus erwürgen. Außerdem roch er manchmal komisch und er war ein Angeber; einer von denen, denen keiner was glaubt, weil sie einfach zu sehr übertreiben.

»Ich war mal allein auf dem Dach vom *höchsten* Hochhaus in unserer Stadt. Es war ein *hammermäßiger* Sturm. Ich hab mich an den Rand gestellt und *sooo* weit vorgebeugt – nix passiert.«

Elmers Papa war ganz dünn, weil er Krebs hatte. Ich fand,

Krebs wäre prima gewesen zum Angeben – niemand sonst, den ich kannte, hatte so was –, aber der Krebs seines Vaters war das Einzige, womit Elmer nicht angab.

»Willste Lecker?«

Elmer hält dir die Tüte unters Gesicht. Du guckst ein bisschen rein und kriegst ganz gierige Finger. Du weißt, dass du Elmer am Hacken hast, sobald du ein Lecker annimmst, aber du kannst nicht anders, deine Finger haben ihren eigenen Willen. Also schnappst du dir einen schicken dreifarbigen Kaugummi und schleppst Elmer eine Weile hinter dir her, lauschst seiner quiekigen Angeberstimme und wartest auf die nächstbeste Gelegenheit, dem Fettsack davonzurennen. Bis zum nächsten Wochenende und zur nächsten Bestechung.

Die Mädchen schwammen im See, nahe dem langen Anlegesteg für die Segelboote. Ich saß neben Brecht auf den hölzernen Planken und beobachtete, wie zwei Paar Arme und zwei Paar Beine das funkelnde Wasser zerteilten. Britta drehte sich ab und zu ganz beiläufig auf den Rücken, was mich wahnsinnig machte. Rieke schwamm seit Wochen nur auf dem Bauch.

Elmer stand allein am Ufer, eingesunken in körnigen grauen Sand, die Plastiktüten in den Händen, und guckte neidisch zu uns rüber.

»Bestimmt ist er ein guter Schwimmer«, sagte Brecht. »Fett schwimmt schließlich oben. Der kann gar nicht untergehen.«

»Er traut sich nicht, weil er nicht will, dass man seinen Bauch sieht«, vermutete ich.

»Dann sollte man ihn mal in den Schwitzkasten nehmen und ihm das T-Shirt ausziehen.«

Brecht und ich grinsten uns an. Wir wussten, dass keiner sich das traute. Elmer war so fett, dass du sterben würdest, wenn er sich auf dich draufwarf und womöglich noch ein bisschen auf dir rumrollte.

Britta quirlte lächelnd vorbei, wie eine Nixe, und Brecht verstummte plötzlich. Das war mir nur recht, denn ich hatte mit dem Schwimmen ebenfalls Probleme. Ich war eine bleierne Ente. Leider nutzte mein Vater jede sich bietende Gelegenheit, die Ente zu Wasser zu lassen. Wenn wir zum Angeln rausruderten, warf er mich manchmal einfach über Bord in den See. Glaubte mir keiner, tat er aber. Im Wasser konnte ich dann paddeln und schreien, wie ich wollte, mein Vater holte mich einfach nicht wieder raus. Ich musste mich selber zurück an Bord hieven. So hätte sein Vater ihm das Schwimmen beigebracht, behauptete mein Vater, während er ruhig den Schwimmer seiner Angel beobachtete. Und so würde auch ich das lernen.

Tat ich aber nicht.

»Das Kind ist unglücklich, deshalb isst es so viel.« Meine Mutter schälte Kartoffeln. Die Wochenenden am See waren für sie kaum anders als die Tage unter der Woche zu Hause. »Du solltest ruhig mal mit ihm spielen. Stell dir vor, dein Vater wäre todkrank und müsste bald sterben, wie wäre dir da wohl zu Mute?«

Zumindest würde der Schwimmunterricht ausfallen.

Ich ging runter zum See. Es war ein trüber Tag. Elmer stand auf dem Anlegesteg, über den vorderen Rand gebeugt, allein wie immer, in jeder Hand eine Plastiktüte, und blickte gedankenverloren auf das Wasser, das genauso grau war wie der Himmel. Vielleicht beobachtete er einen Fisch.

Ich sagte Hallo. Elmer kippte kopfüber in den See. Ich hatte ihn nicht mal berührt. Wahrscheinlich hatte er sich bloß erschrocken, weil er sonst nie angesprochen wurde.

Er schlug auf dem Wasser auf und ging sofort unter. Ich guckte ihm und den zwei Leckertüten nach. Stand da wie gelähmt und starrte. Ein paar Bläschen trudelten rauf und zerplatzten an der Oberfläche, und ich weiß noch genau, dass ich dachte, es müssten viel, viel mehr Bläschen sein – gerade so, als wäre Elmer gar nicht fett, sondern nur voller Luft gewesen.

Ich wartete. Ich wusste, dass ich Elmer nachspringen sollte, um ihn zu retten. Und ich wusste, dass das nicht ging. Ich war eine Bleiente. Ich wartete und betete, aber Elmer kam nicht wieder rauf. Schließlich kamen auch keine Bläschen mehr.

Dann schrie ich endlich. Später hieß es, einen solchen Schrei habe niemand je zuvor gehört. Riekes Mutter brach alle fünf Minuten in Tränen aus und sagte, eine Gänsehaut hätte sie gekriegt, trotz ihrer Strickjacke, also so was von einer Gänsehaut. Elmers Mutter heulte auch. Selbst sein Papa weinte, obwohl Männer so was nicht tun sollten, hatte mein Vater mal gesagt. Das kleine verhungerte Gesicht war ganz rot und noch weniger Gesicht als sonst. Eigentlich war es unmöglich, dass ein so dünner Mann einen so dicken Sohn haben konnte.

»Einmal ist er ausgebüxt«, schluchzte Elmers Mutter. »Auf das Dach vom höchsten Hochhaus in unserer Stadt. Hat sich an den Rand gestellt, im schwersten Sturm seit Jahren. *Da* ist er nicht runtergefallen.«

Ich fühlte einen Knoten im Bauch, der nicht wieder verschwinden wollte. Ich wurde als Held gefeiert, obwohl ich bloß geschrien hatte. Riekes Vater war angeschossen gekommen wie eine Rakete, war förmlich über den Steg hinweg*geflogen* und hatte sich ins Wasser geworfen, genau an der Stelle, auf die ich brüllend zeigte. Er war schneller wieder mit Elmer oben gewesen, als ich Piep sagen konnte. Ohne die Tüten.

Später sagte Elmer, er hätte die Luft angehalten, solange er nur konnte. Ich verstand nicht, wie man mit angehaltener Luft und so viel Fett, das angeblich oben trieb, so schnell untergehen konnte. Das war für mich das große Geheimnis dieses Sommers.

Tags darauf kamen ein paar Leute von der DLRG und nahmen mich mit in ihrem Motorboot. Motorboote waren üblicherweise verboten auf dem See. Ich saß ganz vorn. Es hatte aufgefrischt, die Sonne glänzte wie Gold. Wasser spritzte über den Bug in mein Gesicht, wir waren unglaublich schnell und ich überlegte, dass die einzige noch tollere Belohnung gewesen wäre, wenn Britta mir ihren Busen gezeigt hätte.

Zum Geburtstag hatten meine Eltern mir ein Schlauchboot geschenkt. Sie verdienten nicht so viel Geld, deshalb hatte es für Paddel nicht mehr gereicht. Die sollte ich von meinem Taschengeld zusammensparen. Großartige Idee, fand ich. Der Sommer wäre vorüber, bis ich auch nur ein Paddel besaß.

Jetzt bekam ich eins geschenkt, von Elmers Eltern.

Ein Paddel, wohlgemerkt.

»Wir schubsen den Fettwanst ins Wasser«, schlug Brecht am Wochenende darauf vor. Wir waren mit dem einen Paddel unterwegs, aber es machte nicht wirklich Spaß. Das Schlauchboot schlingerte und wollte nicht richtig von der Stelle kommen. Britta und Rieke hatten keine Lust gehabt, mit halben Sachen rauszurudern. »Und dann retten wir ihn und kriegen noch eins.«

Ich schüttelte den Kopf. Seit sieben Tagen hatte ich diesen Knoten im Bauch, womöglich war es Krebs. Seit sieben Tagen ließ sich das Bild nicht vertreiben, wie Elmer am Ufer gelegen hatte, auf dem Rücken, den Mund weit offen und stumm nach Luft ringend, wie ein gestrandeter Fisch. Ganz weiß im Gesicht und voller Spucke und mit verrutschtem T-Shirt, so dass man all seine Speckfalten sehen konnte. Er wäre beinahe ertrunken. Er wäre gestorben, ohne jemals Freunde gehabt zu haben.

Er wäre noch vor seinem Papa gestorben.

»Du lässt die Finger von Elmer«, sagte ich zu Brecht. »Sonst kriegst du's mit mir zu tun.«

Er stach mit dem Paddel ins Wasser und ruderte uns dem Ufer entgegen. Man kann Worte so sagen, dass niemand ihnen zu widersprechen wagt. Das war ein dunkles Wissen, das sich nicht besonders gut anfühlte. Auch das lernte ich in jenem Sommer. Aber da war noch mehr.

Elmer trabt schwerfällig neben mir her. Er trägt die Leckertüten. Ich greife kein einziges Mal rein. Ich zeige ihm die Stelle im Wald mit dem verlassenen Amselnest und die Stelle am See, wo der alte Pechtold die Bierflaschen versteckt, die er im Wohnwagen nicht trinken darf. Ich zeige ihm die Weidenbüsche und das Röhricht, wo Dutzende von Fröschen die Köpfe aus dem Wasser strecken, wenn man ein wenig wartet, und dann ziehe ich mein T-Shirt hoch, hole das zerknitterte Magazin raus, das ich von der Müllkippe oben im Wald mitgenommen habe, und zeige ihm die Bilder von den Frauen mit den nackten Busen.

»Boah«, macht Elmer. Aber er macht es nur, er sagt es nicht richtig. Nicht mit der von mir erwarteten Begeisterung. Nicht so, wie Rieke singt.

»Britta hat jedenfalls einen hammermäßigen Busen.« Ich schlage das Magazin wieder zu. »Findest du nicht?«

Er setzt sich hin und beginnt zu weinen. Er weint heftig, aber er ist ganz leise dabei. Als hätte er das oft geübt. Über seinen linken Fuß schwappt es ein bisschen, so nah sitzt Elmer am See.

Ich pflanze mich neben ihn, greife nach einer der Tüten und hole mir einen Schokoriegel raus.

»Du auch?«, sage ich.

Er schüttelt den Kopf und wischt sich Rotze unter der Nase weg. Ich esse den Schokoriegel. Der Knoten in meinem Bauch löst sich endlich auf. Der See glitzert, als hätte ein verschwenderischer König mit weitem Wurf unzählige Diamanten darüber ausgeschüttet. Segelboote gleiten lautlos vorbei, weit draußen.

»Schön, oder?«, sage ich.

Elmer schnieft und beäugt mich von der Seite.

»Willst du noch mal die Busen angucken?«

»Nee, lass mal.«

Kann sein, es liegt daran, dass er geweint hat. Jedenfalls klingt seine Stimme nicht mehr ganz so quiekig. Er zaubert einen Bonbon aus einer der Tüten. Ich sehe seinen Händen dabei zu, wie sie das bunte Papierchen davon abwickeln. Sie sind schnell, seine Hände mit den fleischigen Fingern. Die Nägel sind abgekaut. Wenn seine Mutter oder sein Vater diese Hände in ihre nehmen, sind sie ihnen die liebsten von der Welt. Wenn seine Eltern Elmer Süßigkeiten kaufen, wissen sie vermutlich, dass sie ihm nichts Gutes damit tun. Elmer wird immer mehr und sein Papa immer weniger. Vielleicht brauchen sie alle drei den Ausgleich.

Vielleicht ist auch alles ganz anders, ein weiteres Geheimnis, das ich nicht verstehe. Ich gucke auf das Wasser und denke daran, wie es schlagartig flaschengrün wird, wenn ein Gewitter aufzieht. Wie unendlich tief und unauslotbar der See dann scheint und welche Angst ich dann davor habe. Nie wieder werde ich mich von meinem Vater über Bord werfen lassen, nicht ohne zu brüllen und zu treten und zur Not auch zu kratzen und zu beißen.

»Ab morgen lerne ich schwimmen«, sage ich leise. »Ich kann das nicht gut. Willste mitmachen?«

Nächster Parkplatz 200 m

»Können wir anhalten? Ich muss mal!«

Alles, wirklich alles musste Christin mit diesem quengelnden Unterton sagen! Als wäre sie noch ein kleines Mädchen, dabei war sie acht Jahre alt. Mit acht Jahren, fand Winnie, musste man nicht mehr alle naselang quengeln. Und schon gar nicht, dachte er, musste man mit acht Jahren ununterbrochen aufs Klo. Er selbst war elf. Und er würde sich lieber in die Hose machen, als ständig so herumzuquengeln wie seine Schwester.

»Ich muss nötig!«

»Du hast erst vor einer halben Stunde Pipi gemacht«, gab Mama von ihrem Platz auf dem Beifahrersitz zurück und: »Gott, ist das heiß hier drin!«

»Aber nicht das Fenster aufmachen!«, krähte Christin.

Papa löste eine Hand vom Lenkrad und griff unter das Armaturenbrett. »Also, die Klimaanlage funktioniert«, sagte er.

»Und verpestet die Ozonschicht«, antwortete Mama mit ruhiger Stimme.

Papa schnaufte. »Wer wollte denn unbedingt einen Wagen mit allem Schnickschnack? Ich jedenfalls nicht.«

»Von einer Klimaanlage war nie die Rede.«

»So? Da hab ich aber noch was ganz anderes im Ohr.«

»Papa hat was im O-hor, Papa hat was im O-hor!«, sang Christin.

Winnie verdrehte die Augen. Die Fahrt würde noch Stunden dauern - Stunden! - und Christin war einfach nur fürchterlich. Wenn Papa schlau war, würde er sie auf dem nächsten Parkplatz aussetzen und dann einfach abhauen. Sollte die Heulsuse doch sehen, wie sie zurück nach Hause oder nach Italien kam. Vielleicht würde irgendein Fernfahrer sie auflesen. Genau. Sollte sie den doch in den Wahnsinn treiben, von hier bis Neapel oder sonst wohin.

»Ich muss ganz ehrlich und ganz nötig!«

»Du nervst, Chris«, sagte Mama und jetzt klang ihre Stimme nicht mehr ruhig, sondern ungeduldig.

Papa zuckte die Achseln. »Ich hab gleich gesagt, lass uns den Kindern zum Reiseantritt Schlaftabletten geben. Oder eine Vollnarkose.«

Winnie sah Papa im Rückspiegel grinsen. Das sollte wohl witzig gewesen sein, dabei war es nur ungerecht. Schließlich war Christin die Einzige, die dauernd herumquäkte. Dann richtete

Papa den Blick zurück auf das graue, nur wenig befahrene Band der Autobahn und Winnie spähte zu Mama. Die lachte auch nicht. Seine Eltern hatten schon seit Ewigkeiten nicht mehr miteinander gelacht. Neulich hatte ein Professor im Fernsehen gesagt, wenn ein Mann und eine Frau nicht mehr miteinander lachten, wäre das ein schlechtes Zeichen für eine Ehe. Es gab noch jede Menge andere schlechte Zeichen, deshalb hatte Winnie schnell den Sender gewechselt. Er war bei einem Film gelandet, in dem Außerirdische ein Dorf in England überfielen. Sie zerballerten mit ihren Ufos die Häuser und klauten Hunde aus den Vorgärten, die sie mit grüner Soße beschmierten und dann auffraßen.

Christin boxte ihn in die Seite. Manchmal machte sie das, einfach so, die dumme Nuss. Winnie gab ihr einen winzigen Knuff zurück, der sofortiges Sirenengeheul nach sich zog.

»Der haut mich!«

»Wenn ich dich richtig haue«, knurrte Winnie seine Schwester an, »dann ...«

»Ach, und dann Florenz«, seufzte Mama, was ein bisschen komisch war, weil sie seit Minuten keinen Ton von sich gegeben hatte. »Die Uffizien!«

»Was ist die *Ufitzjen?*«

»Was *sind* die Uffizien«, verbesserte Mama Christin. »Na, eben Kunst. Jede Menge Kunst.«

»Gleich kommen die Staus«, sagte Papa.

»Gleich piller ich mir in die Hose«, kündigte Christin an.

Mama hatte nach Italien gewollt, wegen der Kunst. Papa

hatte an den Atlantik gewollt, wegen der hohen Wellen. In Richtung Italien, behauptete Papa, gab es jede Menge Staus – in Richtung Atlantik natürlich nicht –, auch wenn bis jetzt auf der fast leeren Autobahn nichts darauf hindeutete.

Winnie entdeckte das Schild als Erster. Auf blauem Untergrund prangten ein großes weißes P und eine Zahl. Er zeigte nach vorn. »Nächster Parkplatz 200 Meter.«

»Rettung für die Polster.« Mit einem Seufzer setzte Papa den Blinker. »Aber das ist vor der Grenze das letzte Mal, Fräulein, verstanden?«

Mama schüttelte den Kopf. »Dass du dem Kind auch immer seinen Willen lassen musst.«

Papa gab keine Antwort. Er bog auf den Parkplatz ein, auf dem bereits fünf oder sechs andere Autos standen, ließ den Wagen ausrollen und stellte den Motor ab. Winnie öffnete die Tür und Hitze schwappte in den Wagen. Mama sah über die Schulter nach hinten zu Christin. »Muss ich mitgehen?«

»Nee, ich kann alleine«, kam die Antwort. »Ich bin doch kein kleines Baby!«

Das denkst auch nur du, dachte Winnie.

Sie stiegen aus. Christin marschierte sofort zu den Toiletten, die in einem kleinen Häuschen untergebracht waren. Papa begann Kniebeugen neben der Fahrertür zu machen. Mama stemmte eine Hand in die Hüfte. »Muss das sein?«

»Es ist gesund.«

»Es sieht bescheuert aus.« Mama spähte zu den Leuten, die weiter vorn geparkt hatten. Dort machte niemand Kniebeugen.

»Lieber bescheuert als Kreuzschmerzen«, keuchte Papa. »Du musst schließlich nicht fahren.«

»Ich habe es dir angeboten.«

»Und vielen Dank auch! Bei deinem Tempo können wir ... äächhh ... wenn wir angekommen sind, sofort wieder umdrehen. Ich hab dir erst ...«

Winnie hörte nicht mehr hin. Das versprach wieder eine dieser Unterhaltungen zu werden, die den Professor im Fernsehen interessieren würden. Er sah sich um. Das Toilettenhäuschen war bemalt. Nicht mit Graffiti, wie Winnie sie aus der Stadt kannte, wo die bunten Kritzeleien an fast jeder freien Hauswand aufblühten, sondern mit richtigen kleinen Bildern. Kunst. Womöglich echte Ufitzjen.

Jenseits des Parkplatzes erstreckte sich ein schier endloses Maisfeld. Ganz grün war es, die Fruchtstände waren noch geschlossen. Man könnte in diesem Feld verschwinden, überlegte Winnie. Sollten Mama und Papa doch ohne ihn nach Italien fahren. Sollte Christin doch unterwegs die Hälfte aller Klohäuschen entlang der Strecke besichtigen. Aber er, Winnie, würde abhauen. Er würde sich durch das Maisfeld schlagen und dann, genau, nach Amerika abhauen oder so. Er würde irgendwie zur Küste gelangen und dort auf einem Frachtschiff anheuern, das nach Amerika fuhr.

Das Problem war nur, dass er nicht genau wusste, in welcher Richtung die nächste Küste lag. Winnies Blick glitt über das endlose Maisfeld. Er konnte vermutlich tagelang darin herumstapfen, um dann auf der anderen Seite herauszukommen und dort auf freundliche Russen zu treffen, die ihn im Uralgebirge oder so willkommen hießen. Na ja, dann eben Russland. Hauptsache, es gab dort Hamburger.

Winnie hatte Hunger. Großen Hunger. Vor allem hatte er Lust auf *ungesundes Zeug* – so nannte Mama Hamburger, Fritten, Nutella und was sonst noch gut schmeckte. Mama hatte nur Müsliriegel ohne Zucker und Vollkornbrote eingepackt. Und Mineralwasser, keine Cola. Ein Grund mehr, nach Amerika auszuwandern.

Aus dem Maisfeld ertönte ein Rascheln. Etwas bewegte sich durch das angrenzende Gras. Ein paar Halme knickten um. Winnie hielt die Luft an. Außerirdische!

Dann musste er grinsen. Vor ihm stand, schnuppernd und auf den Hinterbeinen, der kleinste Außerirdische, den er je gesehen hatte. Es war ein Hamster. Kein Feldhamster, wie man ihn hier, in der Nähe des Maisfeldes, vielleicht erwarten durfte und wie Winnie ihn aus dem Naturkundemuseum kannte – ein riesiges ausgestopftes Vieh, groß wie ein Kaninchen, mit dicken, vollgestopften Backentaschen, als hätte es ein Kaninchen *gefressen* –, nein, dies hier war ein Goldhamster.

Keine Haustiere, die machen nur Dreck, hörte Winnie seine Eltern sagen, ausnahmsweise mal einer Meinung. Das war noch gar nicht so lange her. *Und im Urlaub weiß man dann nicht, wohin mit ihnen.*

Er wusste sofort, dass der Hamster ausgesetzt worden war. Millionen Tiere wurden ausgesetzt, wenn die Urlaubssaison begann, das hatten sie im Fernsehen gesagt. Hauptsächlich Hunde und Katzen und manchmal auch Schmuckschildkröten. Die landeten in Fischteichen, fraßen fröhlich die Forellen aus dem unerwarteten Schlaraffenland und wurden dabei fett und fetter. Von ausgesetzten Hamstern aber hatte Winnie noch nie gehört. Sehr seltsam ...

Andererseits, das hatten sie neulich im Fernsehen gesagt, gab es angeblich sogar Leute, die auf dem Weg in den Urlaub ihre Omas oder Opas aussetzten, und das war nicht nur seltsam, das war verrückt ... In Erwartung sich plötzlich teilender Maisstauden sah Winnie beunruhigt über das grüne Feld, bevor er sich wieder dem Hamster zuwandte.

»Du hast ja 'nen kleinen Bürzel auf dem Kopf!«, flüsterte er. Er ging in die Hocke und streckte eine Hand aus. Der Hamster kam sofort angetapert, ganz zutraulich. Seine dunklen Knopfaugen blitzten. Vermutlich hatte das Kerlchen Hunger. Womit sich die Frage erledigt hatte, wer unterwegs das viele Körnerbrot und die Müsliriegel essen sollte. Winnie beschloss, seine Pläne zur Auswanderung nach Amerika auf später zu verschieben, versteckte den Hamster in seiner Hemdentasche und ging zum Auto zurück. Er fühlte das Tierchen an seiner Brust herumwuseln. Ufitzjen mit Hamster.

Weiter ging die Fahrt. Papa und Mama hatten sich wieder beruhigt. Genauer gesagt sprachen sie kein Wort mehr miteinander. Dafür plapperte Christin ohne Unterlass und erzählte irgendwas von ihren Abenteuern auf dem Klo, wo angeblich nebenan dauernd jemand gepupst und dabei *O La Paloma Blanca* gesungen hatte. Winnie hörte sich das fünf Minuten lang an.

Dann nahm er den Hamster aus der Hemdentasche und hielt ihn Mama durch die Lücke zwischen den Sitzen unter die Nase.

»Guck mal.«

Mama schrie so laut auf, dass Papa instinktiv in die Eisen ging. Der Wagen schlitterte kurz nach links, dann nach rechts. Von hinten ertönte ein böses Hupen.

»Bist du wahnsinnig –?«

»Wie niedlich!«, rief Christin entzückt.

»Wo kommt der Hamster her?«, keuchte Mama.

»Jemand hat ihn ausgesetzt, neben dem Maisfeld am Parkplatz«, sagte Winnie. Und fügte sicherheitshalber gleich hinzu: »Ich will ihn behalten. Bitte, darf ich ihn behalten?«

»Einen Hamster?«, schnappte Papa, der den Wagen wieder unter Kontrolle gebracht hatte. »Wer, zum Teufel, setzt einen Hamster aus?«

Mama schüttelte den Kopf. »Musst du Schimpfworte vor den Kindern benutzen?«

»Hamster ist doch kein Schimpfwort«, sagte Christin.

»Also, darf ich, bitte!«, wiederholte Winnie.

»Darf man Hamster überhaupt nach Italien einführen?«, sagte Papa. Im Rückspiegel sah Winnie, dass er die Stirn gerunzelt hatte. »Müssen die da nicht in Quarantäne oder so was?«

»Was ist Karan...dings?«, fragte Christin.

»Das ist was für kleine Babys mit der Pinkelkrankheit!«, blaffte Winnie. »Die werden an der Grenze festgenommen, damit sie nicht die Italiener damit anstecken! Sonst würden nämlich alle Italiener ins Mittelmeer –«

»Winnie!«

»Wenn sie doch so doof fragt.«

»Also, was ist jetzt mit dem Vieh und der Quarantäne?«, fragte Papa.

»Wir könnten Eddie im Handschuhfach verstecken«, schlug Winnie vor.

»Eddie?«, wiederholte Mama. »Seit wann heißt der Hamster Eddie?«

»Seit gerade eben jetzt.«

»Ist er ein Junge?«, fragte Christin.

Na ja, das war ausnahmsweise keine doofe Frage. Winnie drehte den Hamster vorsichtig auf den Rücken und sah zwischen die kurzen Hinterbeine. »Also, wenn Jungen so zwei kleine Erbsendinger haben ...«

Blitzschnell drehte Mama sich zu ihm um. »Winnie!«

»Hamstereier.«

»Winnie!«

»Jedenfalls ist es ein Junge.«

»Ach, bitte!«, sagte Christin.

Sie hielt Winnie eine Hand entgegen. Wenn sie wollte, konnte sie sogar lächeln. Das sah zwar aus, als habe jemand den Deckel eines Klaviers geöffnet, weil Christin in den letzten Wochen kurz nacheinander vier Milchzähne ausgefallen waren und jetzt an deren Stelle nur ein paar schwarze Lücken klafften. Aber es war ein Lächeln.

Winnie stöhnte leise auf. Automatisch schlossen sich seine Finger etwas fester um Eddie. Christin würde einen Riesenaufstand machen, wenn er ihn nicht rausrückte. Womöglich würde sie aus Protest nicht Bescheid sagen, wenn sie das nächste Mal aufs Klo musste. Sie hatte mindestens schon ein halbes Dutzend Plüschtiere auf dem Gewissen, aber Eddie war echt. Sein Leben stand auf dem Spiel.

»Bitte, Winnie!«, wiederholte sie.

Er überlegte, wie er sie ablenken konnte, beugte sich nach vorn und fragte Mama: »Wie sagt man auf Italienisch *Hamsterfutter?*«

Mama zuckte die Achseln. »Woher soll ich das wissen? Ich kann nur *ragazzo* und *stronzo* und weiß noch nicht mal, was das heißt.«

»Da fährt die Dame nach Italien«, sagte Papa, »aber spricht kein Wort Italienisch. *Grazie!*«

»*Sì, signore.* Aber die Dame findet das gar nicht so schlimm.«

»Hmm ... Und was ist jetzt mit dem Hamster?«

»Also ...«

Winnie sah seine Eltern grinsen. Er bemerkte, wie Christin sich trotzdem neben ihm auf dem Sitz nach hinten drückte, als wolle sie sich darin verkriechen. Sie war ein bisschen blass um die Nase, fand er. Plötzlich tat sie ihm leid. Sie hatte noch nicht gelernt zu unterscheiden, wann ihre Eltern sich stritten und wann sich, wie jetzt, eine Versöhnung anbahnte. Winnie kannte das bereits, aber für eine Achtjährige war es zu verwirrend, dieses unvermittelte Hin und Her. Er war elf und da konnte er sich ja ein bisschen, wenigstens ein kleines bisschen um Christin kümmern, oder?

Genau.

»Hier.« Winnie hielt seiner Schwester den Hamster entgegen. Vor Überraschung machte Christin ganz kullerrunde Augen. Dann zeigte sie ihre komplette Klaviertastatur, schwarz, weiß, schwarz, weiß, weiß …

»Den schenke ich dir«, sagte Winnie. »Aber wir passen gemeinsam auf ihn auf, einverstanden?« Und nach vorn sagte er laut: »Hey! Eddie hat Hunger und er *liebt* Vollkornmüsli!«

Bruders Hüter

Sie waren ihm bereits im Bus aufgefallen. Aber erst am Morgen nach der Ankunft, im Waschraum des Ferienlagers, stellte Ulf fest, wie verschieden die beiden Brüder wirklich voneinander waren. Oliver war groß für sein Alter, ein echtes Nordgesicht mit blauen Augen, blass und hellhäutig – so hellhäutig, dass Ulf beinahe meinte, durch ihn hindurch die Körper der anderen Jungen wahrnehmen zu können. Lärmen und Lachen, Seifengeruch, Wasserspritzer. Das Platschen nackter Füße auf nassen Kacheln. Und dazwischen diese hohe, aufrechte, transparente Säule: Oliver.

Der viel kleinere Hanuk hingegen sah ein wenig so aus, als hätte man ihn als Baby irgendwann zu lange in der Sonne liegen lassen. Das stellte Ulf sich in den folgenden Tagen tatsächlich oft vor: ein gebräuntes, ein fast verbranntes Baby, das ungewollt, vergessen, vielleicht ausgesetzt – *fortgeworfen* – unter sengender Hitze in der Wüste liegt. Wo es erst nach Tagen von einem mitleidigen Menschen aufgesammelt wird. Das vor lauter Schreck über dieses Erlebnis vergessen hat weiterzuwachsen. Hanuk: dessen weit aufgerissene Augen das Spiegelbild einer düster flackernden Sonne eingefangen hatten.

Keine äußere Ähnlichkeit also und woher auch: Oliver und Hanuk waren Adoptivbrüder. Trotzdem brachte Ulf die beiden in Gedanken durcheinander. Anfangs vermutete er, das liege daran, dass er aus irgendwelchen Gründen bei dem Namen Oliver an einen schwarzhaarigen, bei dem Namen Hanuk aber an einen blonden Jungen denken musste. Dabei war es genau umgekehrt, war Oliver der Blonde, während Hanuk ... nun ja. Bei dem sahen selbst die Haare angebrannt aus.

Andere hatten dasselbe Problem.

Schließlich fand Ulf heraus, warum.

Da war der erste gemeinsame Abend am Lagerfeuer.

»Hey, Oliver!«

Eine Stimme aus dem weiten Rund, von irgendwoher, getragen von den Funken, die aus dem aufgescheiteten, lodernden Holz in den nächtlichen Himmel stoben. Und *beide* drehten sich um, sowohl Oliver als auch sein Bruder, und da sahen sie – die Gesichter halb beleuchtet vom Feuerschein, halb verborgen im Dunkel –, da sahen sie einander, bei allen Unterschieden, plötzlich doch auf beinahe gespenstische Weise ähnlich.

Drehten sich also beide um. Und das, bemerkte Ulf in den

folgenden Tagen, war ein sich wiederholendes Muster. Rief man nach einem der zwei Jungen, so reagierten sie ausnahmslos beide. Es war, als legte keiner von ihnen auf seinen eigenen Namen Wert. Es war, als wäre ein jeder von ihnen beide oder als wären sie beide nur einer.

»Hey, Oliver, gib mal noch 'ne Kartoffel.«

Beim Mittagessen.

Und es war Hanuk, der die Schüssel mit den Kartoffeln über den Tisch reichte. Oliver aß ganz ruhig weiter. Sah nicht einmal von seinem Teller auf.

Vierundfünfzig Kinder zählte Ulf, sich selbst mitgerechnet.

Vierundfünfzig Kinder, die sich auf sechs Betreuer verteilten, auf sechs große Zelte, auf sechs Tische, an denen die gemeinsamen Mahlzeiten eingenommen wurden.

Er hatte sich nur halbherzig dagegen gewehrt, ins Ferienlager geschickt zu werden. Hatte ein bisschen geschmollt, ein bisschen den Beleidigten gespielt und eigentlich nur aus einem einzigen Grund protestiert: Seine Eltern sollten glauben, dass er es tatsächlich als Strafe empfand, vom gemeinsamen Urlaub ausgeschlossen zu sein.

Türkische Riviera, hatte sein Vater vor Monaten getönt, begleitet vom Kopfschütteln der Mutter, die wusste, dass die echte Riviera ganz woanders lag.

Der Urlaub war schon geplant gewesen, lange bevor Ulf seine Schwester an den Füßen von dieser Nachtspeicherheizung gezerrt hatte. Dabei hatte Sabrina ihn nicht einmal wirklich geärgert. Hatte einfach nur auf der Heizung gesessen und ihn angeglotzt aus Augen, die drei Jahre jünger waren als seine eigenen, und ihn genervt mit ihrem Geglotze. Und da hatte er sie an den Füßen ergriffen und hatte sie gezogen und sie war geschlittert und hatte sich nirgends festhalten können und war runtergefallen, und es hatte geknackst, als ihr linkes Schlüsselbein brach: wie ein dürrer, vom Herbstwind aus den Bäumen gefegter Zweig knackst, auf den man beim Spazierengehen tritt.

Türkische Riviera. Da gab es blaues Wasser, immer stand die Sonne ganz hoch, heller Sandstrand, womöglich Muscheln und vielleicht sogar Palmen. Gab es Palmen an der türkischen Riviera?

Schon bevor dieses Knacksen erklang – als Sabrina fiel, noch irgendwo zwischen Himmel und Erde hing, ihn aus weit aufgerissenen Augen nicht mehr anglotzte, sondern *anstarrte* –, schon in diesem Moment hatte Ulf blitzschnell überlegt, wie er behaupten werde, das sei eben einfach so passiert. Es tue ihm leid, wirklich. Er habe nicht richtig aufgepasst. Aber natürlich hatte Sabrina ihm einen Strich durch die Rechnung gemacht und ihn verpetzt. Was man ihr kaum verübeln konnte: Die Schulter tat weh, der Verband kratzte so schrecklich, beschwerte sie sich. Und trotzdem ... Er war froh, dass er sie los war, wenigstens für diese drei Wochen. Drei Wochen ohne Aufpassen.

Türkische Riviera. Dafür hatten seine Eltern ganz schön geknapst und gespart, das ganze letzte Jahr über, weil sie nicht reich waren.

Ulf wusste, dass viele der im Ferienlager versammelten Kinder aus *sozial schwachen* Familien stammten, die sich einen teuren Urlaub nicht leisten konnten. *Sozial schwach* war ein Wort, über das die meisten Betreuer sich ärgerten. Einer von ihnen, Pepe mit den langen, ewig verwuschelten Haaren, hatte neulich gesagt, unter *sozial stark* dürfe man dann wohl verstehen, wenn ein Arbeitsloser sich einen Job mit der Waffe erkämpft, oder was?

Aber Oliver und Hanuk konnten unmöglich aus einer armen Familie stammen. Oder doch? Ihre Kleidung war nichtssagend, konnte ebenso gut teuer wie billig sein. Adoptierten auch arme Leute Kinder, vielleicht deshalb, weil die noch ärmer dran waren als sie selbst? Gab es Menschen, die Armut vielleicht anders maßen: nicht an Geld, sondern an Zuwendung? Hatten vielleicht die Eltern dieser Jungen, bevor sie Hanuk bei sich aufnahmen, genau wie Ulf an ein fortgeworfenes Kind denken müssen, das irgendwo auf dieser Welt langsam in der Sonne verbrutzelte, und hatten sie Hanuk gerade noch rechtzeitig adoptiert, bevor er ganz schwarz werden konnte? Konnte man ein fremdes Kind so sehr lieben?

Sie gruben knietiefe Löcher in den von der Ebbe feucht zurückgelassenen Sand und warfen Quallen hinein, die sie aus der Dünung fischten. Die Gruben wurden mit strohhalmdünnen Stöckchen abgedeckt, Sand darauf geschichtet, der wurde vorsichtig, ganz vorsichtig festgeklopft. Dann gingen sie in Lauerstellung, warteten, warteten, immer in der Hoffnung, ein Betreuer möge in eine der Gruben einbrechen, bis zu den Knöcheln in dem gallertartigen Brei versinken, sein erschreckter Schrei von dem so errungenen Triumph der Kleinen über die Großen künden. Mal klappte es und der Plan ging auf, meist aber klappte es nicht: Oft genug traten die Jungen dann, der Warterei überdrüssig, selbst in die Gruben, johlend vor Vergnügen, heimlich erschauernd vor Ekel.

Oliver war entschlossener, draufgängerischer als Hanuk, stellte Ulf bei diesen Gelegenheiten fest. Oder bildete es sich zumindest ein, denn er fand kein rechtes Maß für diesen Unterschied, den einzigen, den er zwischen den zwei Brüdern auszumachen glaubte – ein Millimeter schneller, eine Sekunde lauter, ein Gramm unvorsichtiger?

»Hey!«, schrie Oliver.

Landete im Quallenmatsch, landete zwischen zerbrochenen Stöckchen.

»Hey!«, befand Hanuk sich ein Millisekundengramm darauf an der Seite seines Bruders, obwohl das Loch, die Falle, eigentlich nur Platz für einen bot. Da standen sie, dicht an dicht in der blendenden Sonne, im Wind, der sanft über die Dünen strich, halb Vollmilch, halb Bitter, dachte Ulf. Standen nebeneinander, lachten alle beide, der eine sein helles, der andere sein dunkles Lachen, waren zwei und sahen doch wieder aus wie einer.

Ulf zuckte die Achseln. Er starrte die Kette um Pepes Hals an, die, na ja, keine richtige Kette war, sondern ein schnürsenkelfeiner Riemen aus Leder. Ein Stein hing daran, ganz rosig, groß wie eine Walnuss und mit einem Loch, durch das der Riemen gefädelt war. Er hätte ihn gern berührt, diesen Stein, ihn gern mal angefasst. Aber Pepe wollte wissen, warum er Sabrina von der Heizung gezerrt hatte. Pepe sah ihn abwartend an, halb desinteressiert, halb lauernd, und jetzt stand diese Frage zwischen ihnen, da war an ein Berühren des Steins nicht zu denken. Eigentlich sollte er Pepe dafür hassen. Aber von allen Betreuern war Pepe ihm der liebste.

Liebste, lieber.

Liebster, liebe.

Sie haben sie lieber als mich. Sie darf viel mehr, ihr lassen sie alles durchgehen. Immer muss ich mich um sie kümmern und trotzdem haben sie Sabrina lieber als mich.

Ulf schwieg.

Pepe fragte ihn, ob es ihm leidtat.

Ulf schüttelte den Kopf, nein.

Der Kloß in seinem Hals würgte fürchterlich und wollte sich nicht herunterschlucken lassen, außerdem brannte da etwas hinter seinen Augen. Also fasste er sich an den Hals, rieb sich mit beiden Handrücken langsam übers Gesicht, als wäre er schrecklich müde. Seine Beine wollten sich ganz von allein bewegen, ihn davontragen, diese unangenehmen Fragen hinter sich lassen, aber da lag er schon in Pepes Armen.

Tat es ihm leid?

Er sah die Welt trübe und verwaschen, roch Pepes Geruch und den der See, vielleicht schmeckte er auch nur seine eigenen salzigen Tränen. Und er schüttelte noch immer den Kopf, schüttelte ihn trotzig hin und her, ja.

In den folgenden Tagen wurde ihm leichter ums Herz.

Manchmal ertappte er sich sogar bei dem Wunsch, Sabrina möge hier sein, hier bei ihm, damit er ihr alles zeigen konnte: den Strand und die Dünen und die Muscheln und die Quallenlöcher und die Sträucher, die alle seltsam schief standen, bezwungen vom nie verstummenden Küstenwind. Die großen Zelte würde er ihr zeigen, den Waschraum, die Werkstatt, wo sie T-Shirts mit festem Seil umwickelten und in Batikfarben tränkten, wo sie Marionettenköpfe aus Pappmaché fertigten und bemalten.

Doch was er ihr mehr als alles andere zeigen wollte, wovon er ihr erzählen würde, das war der Platz um das Lagerfeuer, wo sie abends alle beieinandersaßen und sangen. Nicht irgendwelche Lieder, sondern Fahrtenlieder, die von den Betreuern angestimmt wurden und in denen es immer darum ging, auf Schiffen die Welt zu umsegeln, tosenden grauen Stürmen zu trotzen, sich nach der Heimat zu sehnen, einen sicheren Hafen zu suchen: *Wir lieben die Stürme, die brausenden Wogen, der eiskalten Winde raues Gesicht ...*

Selbst die Schüchternsten konnten sich dem Zauber nicht entziehen, der von dem Gesang ausging; irgendwann fiel jeder in den hellen Chor der Kinderstimmen ein.

Dann, eines Abends ...

... fragte Barbara, eine der Betreuerinnen, ob nicht jemand ein eigenes Lied vorzuschlagen habe. Hände legten sich vor Kindermünder, peinlich berührtes Gekicher klang auf, hoffentlich würde Barbara nicht auf einen von ihnen zeigen, nicht auf mich. Im Schutz der Gruppe ließ es sich gut singen, aber wer wollte sich schon vor allen anderen auf den Präsentierteller setzen?

Dann war da …

… eine magische Sekunde, in der kein Laut ertönte, in der die Betreuer sich nur lächelnd umsahen, in der alle Kinder erwartungsvoll in die Runde blickten – *jetzt geht ein Engel zwischen uns durch*, dachte Ulf. Und plötzlich erhoben sich aus der Stille zwei Jungenstimmen, zwei wie eine, warm und schwerelos wie ein Sonnenstrahl, dachte Ulf, und wunderbar süß, wie in frischer Milch gelöster Honig.

Weißt du, wie viel Sternlein stehen
an dem blauen Himmelszelt?
Weißt du, wie viel Wolken ziehen
weithin über alle Welt?
Gott der Herr hat sie gezählet,
dass ihm auch nicht eines fehlet
an der ganzen großen Zahl …

Niemand lachte.

Barbara lehnte sich gegen Pepe und etwas musste ihr in die Augen geraten sein, Rauch vom Feuer vielleicht oder ein vom Wind herangetragenes, meerstrandfeines Sandkorn, denn anders konnte Ulf sich nicht erklären, dass diese erwachsene Frau plötzlich weinte.

Ihm fiel auf, dass man Oliver und Hanuk während der gesamten drei Wochen nie schwimmen sah. Sie gruben lieber Quallenlöcher, gingen auf den Dünenkämmen spazieren oder brutzelten in der Sonne, ganz so, als wollte Oliver seine eigene Hautfarbe der des Bruders anpassen. Was ihm nie gelingen würde, entschied Ulf, denn auch Hanuk wurde brauner - schwärzer, eigentlich.

Aber schwimmen sah er sie nie.

Er hätte gern mit ihnen geredet. Doch da er sich schon seit dem ersten Tag im Lager von allen anderen abgesondert hatte und auch sonst mit niemandem sprach (nur mit Pepe unterhielt er sich oft, über Rosenquarz zum Beispiel, der seine Färbung einem chemischen Element namens Mangan verdankt, oder darüber, dass Quallen zu 98 Prozent aus Wasser bestehen), beschränkte er sich darauf, Oliver und Hanuk aus der Ferne zu beobachten. Wann immer er das tat, keimte der Wunsch in ihm auf, Sabrina gegen einen Bruder einzutauschen. Ein Bruder wäre robuster als eine Schwester. Einen Bruder konnte man sicher von einer Nachtspeicherheizung zerren, ohne dass er sich das Schlüsselbein brach. Ein Bruder würde lachen, sich schütteln wie ein junger Hund und weiterspielen. Ein Bruder würde ihn vielleicht sogar *verteidigen*, wenn es Schwierigkeiten gab.

Obwohl ...

Eines Nachmittags kam es zu einem Zwischenfall. Später wusste keiner mehr, wer den Streit vom Zaun gebrochen hatte, aber Ulf konnte sich nicht vorstellen, dass Oliver es gewesen war. Einer der anderen Jungen musste es gewesen sein, da waren einige ziemlich streitlustige Kerle darunter, die nur auf eine Gelegenheit zum Streiten warteten, von denen man sich besser fern hielt, mit denen die Betreuer alle Hände voll zu tun hatten, jedenfalls lagen sie plötzlich da im Dreck, auf dem Zugang zum Strand, Oliver und ein Junge namens Mike. Rangelten, schlugen aufeinander ein, zäh und schweigend, selbst der aufwirbelnde Staub schien lauter zu sein als die beiden Streithähne.

Fünf, sechs weitere Jungen und zwei Mädchen standen daneben und sahen zu, ebenfalls schweigend. Keine Anfeuerungsrufe. Und Hanuk, der stand ebenfalls daneben. Der griff weder ein noch kam er Oliver zu Hilfe. Die dunklen Hände hingen an seinem dunklen Körper herab, sein Blick war ganz weit fort. Ulf sah das Spiegelbild seiner eigenen Verwirrtheit in den Augen der übrigen Zuschauer: Da schlugen sich zwei, wo eigentlich drei sich schlagen müssten.

Der Vorfall beschäftigte ihn auch dann noch, als Mike und Oliver sich längst ausgesöhnt hatten und – jetzt wieder im Schulterschluss mit Hanuk – über den Strand tobten, wo sie laut lachend kleine Krebse verfolgten, die seitwärts über den hellen Sand davonhuschten.

Ulf sah auf die Leuchtziffern seiner Uhr.

Viertel vor eins. Die vorletzte Nacht.

Alle schliefen.

Morgen Nacht würde niemand richtig schlafen, das wusste er. Aufgeregt wegen der bevorstehenden Heimreise würden sie alle sein, sich spätabends ein letztes Mal ums Lagerfeuer versammeln, züngelnde Flammen und zischende Glut, Würstchen auf Stöcken, und alle würden ihre gebatikten T-Shirts tragen und sie würden singen von brausenden Wogen und der Abend würde warm sein, erfüllt vom Sirren der Mücken, die gegen den vom Land zur See hin wehenden Wind anschwirrten.

Er versuchte die Umrisse der anderen Jungen in ihren Schlafsäcken zu sehen. Wenn man lange genug die Augen geöffnet hielt, gewöhnten sie sich an die Dunkelheit.

Er musste dringend aufs Klo.

Leise tapste er aus dem Zelt. Nachts kühlte die Luft empfindlich ab, er fröstelte in T-Shirt und Unterhosen. Nur der sandige Boden war noch warm unter seinen nackten Füßen.

Auf dem Rückweg bemerkte er, dass im Betreuerhaus noch Licht brannte. Neugierig glitt Ulf darauf zu, streckte die Arme aus und flatterte, segelte lautlos durch die Nacht, wie eine Motte dem Licht einer Straßenlaterne entgegenflattert. Ein Fenster war geöffnet. Undeutlich hörte er Stimmen, kaum mehr als ein dumpfes Murmeln. Er drängte sich näher an das Haus. Schob sich unter das Fenster.

»Elfie ... Ein komischer Name.« Barbaras Stimme. »Klingt ein bisschen altmodisch, findet ihr nicht?«

Die Antwort war ein mehrsekundiges Schweigen. Ulf stellte sich ein Achselzucken vor, eine Zigarette, die ausgedrückt, eine Flasche Cola, die an die Lippen geführt wurde. Dann Pepe: »Jedenfalls ist sie ertrunken, die Kleine. Und ihre beiden Brüder waren dabei. Wollten sie noch aus dem Wasser holen, aber konnten nicht schwimmen. Der eine, Hanuk, glaube ich, ist beinahe noch selbst untergegangen.«

»Ach Gott.« Ein Flüstern. »Wie schrecklich!«

»Wann war das?«

»Vor zwei Jahren.«

»Wie hat mich das früher genervt, auf meinen kleinen ...«

Ulf torkelte durch die Dunkelheit.

Passt auf eure Schwester auf.

Pass auf Sabrina auf.

Gott der Herr hat sie gezählet ...

Von fern erklang das Rauschen der See. Aus den Luken und Ritzen der Zelte schwebten die Atemzüge der Ferienkinder in den Himmel, dreiundfünfzig Kinder, zweiundfünfzig verschiedene Atemzüge.

Froschmaul

»Sind alle draußen?«, rief Frau Weisser.

Maria hätte keine Antwort geben können, selbst wenn sie gewollt hätte. Jeder Funke Energie, der in ihrem Körper steckte, wurde gerade darauf verwendet, Olle festzuhalten. Der wand sich unter ihrem Klammergriff wie ein Huhn, dem man den Kopf abschlagen wollte.

Frau Weisser murmelte etwas, das auf die Entfernung bis zur Tür des Zeichensaals unverständlich blieb - noch unverständlicher deshalb, weil Maria und Olle sich hinter demjenigen Teil der Wand befanden, der den Raum wie ein großes L abknicken ließ.

Die Tür schlug zu. Ein Schlüssel drehte sich im Schloss, einmal, zweimal.

Schritte verhallten, die zierlichen Tippelschritte von Frau Weisser. Wenn man sich anstrengte, hörte man den Unterschied heraus, den ihr linkes und ihr rechtes Bein beim Gehen machten. Frau Weisser war erst kürzlich am linken Knie operiert worden. Seitdem humpelte sie ein wenig.

Dann Stille, endlich. Vorsichtig löste Maria ihre Hand von Olles Mund. Bis zu diesem Punkt hatte sie vorausdenken können. Nur bis zu diesem Punkt. Weiter nicht.

Olle japste nach Luft. »Bist du verrückt geworden?« Durch die dicken Gläser seiner Brille funkelte er sie an. »Du blöde Kuh!«

Jetzt rieb er sich den Hals, dabei hatte sie wirklich nicht zu fest zugegriffen. Sie hatte nur eben so viel Kraft in die Umklammerung gelegt, dass sie ihn am Schreien hindern konnte.

Blöde Kuh ...

Maria war es gewohnt, mit Schimpfworten bedacht zu werden. Aber nicht von Olle. Von dem wollte sie so etwas nicht hören.

»Nun reg dich mal ab«, sagte sie. »Oder bist du noch nie in den Schwitzkasten genommen worden?«

Er sah aus, als wolle er etwas erwidern, schien es sich aber sofort anders zu überlegen, denn er schluckte die Worte hinunter.

Noch nie von einem Mädchen, dachte Maria. Das war es, was er sagen wollte. Er ist noch nie von einem Mädchen in den Schwitzkasten genommen worden.

»Was gibt's da so doof zu grinsen?«, schnaubte er.

»Nichts.«

»Nichts!«, äffte er sie nach.

Er musste sie sich bei einem Erwachsenen abgeguckt haben, die Art, wie er jetzt den Kopf schüttelte: vorwurfsvoll, irgendwie von oben herab, obwohl er kleiner war als sie selbst und zu ihr aufschauen musste. Ihre Mutter pflegte den Kopf so zu schütteln, wenn Maria etwas verbrochen hatte: die frisch geöffnete Milchtüte umgekippt, einen Riss in die nagelneuen Jeans fabriziert, Hundefutter statt einer Büchse Erbseneintopf aufgewärmt.

Unglückskind.

Du hast nicht zwei linke Hände, du hast drei.

Immerhin, dachte Maria zufrieden, habe ich es fertiggebracht, mich mit Olle im Zeichensaal einschließen zu lassen. Keine Irrtümer, was das anging. Keine verkippte Milch, keine zerrissene Hose. Echter Erbseneintopf sozusagen.

Olle hatte sich bereits beruhigt. Er schob seine Brille ein Stück den Nasenrücken hinauf und blickte sich um, ein wenig hilflos, als sähe er den Zeichensaal zum ersten Mal in seinem Leben. Niedlich sah das aus. O Mann, er war einfach so unglaublich sahnemäßig niedlich, wie er da vor ihr stand ...

»Und jetzt?«, sagte er.

Flucht war unmöglich, dachte Maria zufrieden. Der vierte Stock lag zu hoch, um gefahrlos aus einem der großen Fenster zu springen, durch die, wie von Wellen getragen, klares Sommerlicht flutete. Zudem war der Zeichensaal im rückwärtigen Teil des Schulgebäudes untergebracht, zu den einsamen Bahngleisen hin. Da konnte man sich lange aus den Fenstern hängen und brüllen, ohne gehört zu werden. Ziemlich erschreckend eigentlich …

»Würdest du mir mal erklären, was das hier soll?«

Ah, wie oft hatte sie diese Frage schon gehört! Und wo nicht überall und von wem eigentlich noch nicht?

Von Olle natürlich noch nicht, vom süßen Olle.

Jetzt verdrehte er die Augen. Blau waren die, blitzblau, und erschienen hinter den dicken Brillengläsern immer etwas größer, als sie in Wirklichkeit waren. Maria mochte diese blauen Augen. Ungefähr elftausend Mal hatte sie in den letzten Wochen überlegt, wie Olle wohl ausschauen würde, wenn er seine Brille einmal abnahm.

»Maria?«

Etwas rumorte in ihr herum. Das war ihr Herz.

Während sie Olle festgehalten hatte, schien es gar nicht in ihr drin gewesen zu sein, aber jetzt polterte es plötzlich los – wummerte, klopfte, pochte, dröhnte, alles auf einmal. Sie hätte das Olle gern erklärt, aber es erschien ihr so kompliziert. Also sagte sie einfach: »Mein Herz.«

War doch egal, was er jetzt von ihr hielt, oder? War doch egal, ob er glaubte, sie sei ein bisschen plemplem. Das dachten doch sowieso alle von ihr, oder?

Hey, Maria, die haben wohl vergessen, bei deiner Jacke die Ärmel zuzunähen!

»Was ist mit deinem Herz?«

Lag da Besorgnis in seiner Stimme?

»Es wummert so komisch«, sagte sie.

»Es wummert, weil du aufgeregt bist«, stellte Olle sachlich fest. »Wäre ich auch, wenn ich jemanden gekidnappt hätte.«

Gekidnappt klang ein bisschen hart, fand Maria. Es klang nach Erpressung, nach Lösegeldforderungen, nach ...

»Menschenraub! Du hältst mich gegen meinen Willen hier fest«, fuhr Olle fort.

Er hob einen Zeigefinger, wie Frau Weisser es manchmal tat, bevor sie eine wichtige Frage stellte: »Warum?«

Das war leicht zu beantworten. Andererseits war es auch ziemlich schwierig. Am besten, Augen zu und durch. Maria holte tief Luft.

»Würdest du mich küssen?«

Na bitte, ging doch. Ihre Stimme hatte kein bisschen gewackelt. Dafür sollte sie sich eigentlich selbst anerkennend auf die Schultern klopfen.

»Küssen?«, wiederholte Olle misstrauisch. »Wie meinst du das?«

»Na, küssen eben, auf den Mund. Du wirst doch schon mal jemanden geküsst haben.«

»Nur meine Eltern.«

Das war es, was sie schon immer an Olle gemocht hatte: Er schien nie von etwas überrascht zu sein. Er beantwortete einfach ihre Frage, ganz unaufgeregt. Sie hätte ihm ebenso gut vorschlagen können, gemeinsam mit ihr eine Bank auszurauben. Er sah sie ruhig an. Ihr Herz machte jetzt schon viel kleinere Sprünge.

»Also, hast du schon mal oder hast du nicht?«, fragte sie. »Richtig geküsst, meine ich.«

Er versuchte sich ein wenig größer zu machen, als er war, indem er kurz auf die Zehenspitzen wippte. »Natürlich nicht!«

»Warum nicht?«

»Wahrscheinlich«, erklärte Olle langsam, »weil ich erst elf Jahre alt bin.«

»Fast zwölf, genau wie ich«, gab sie zurück.

»Elfjährige machen so was nicht.«

»Warum nicht?«

»Weil ... weil es eklig ist, sich gegenseitig die Zunge in den Mund zu stecken.«

Jetzt war er doch tatsächlich rot geworden. Bis hinter die Ohren, die mit meilenweitem Abstand zuckersüßesten Ohren der Welt. Wunderschön sahen sie aus, diese roten Ohren. Zum Reinbeißen schön. Manchmal träumte Maria davon, Olle würde sich ein Ohrloch stechen lassen und eine kleine Kreole tragen. Die sie ihm schenken würde, natürlich, zu Weihnachten oder so.

»Du hast es wirklich noch nie probiert?«

Olle schüttelte den Kopf. »Du?«

»Nee.«

Aber daran gedacht hatte sie, fast ununterbrochen in den letzten Tagen. Daran gedacht, wie es sich wohl anfühlen mochte, geküsst zu werden. Von Olle geküsst zu werden. Was er nie tun würde, jedenfalls nicht freiwillig.

Froschmaul.

Unglückskind.

Er schwang sich auf einen der Tische. Seine Füße baumelten zehn Zentimeter über dem spiegelblanken Linoleumboden. »Wenn ich dich küssen würde, heißt das immer noch nicht, dass ich hier rauskäme, oder?«

»Stimmt. Keiner von uns beiden. Wir müssen bis morgen warten.«

»Hmm ... Dann mach ich's auch nicht. Ich meine, bis morgen haben wir immerhin eine statistische Überlebenswahrscheinlichkeit von hundert Prozent.«

Er zeigte zum Waschbecken, auf dessen Ablage zahllose noch feuchte Pinsel in Plastikbechern steckten. »Wir können nicht verdursten. Und mit dem Essen, na ja ...«

»Ich hab zwei Beutel mit Mars dabei. Zehn Stück.«

»Schokolade? Da sind doch keine Vitamine drin.« Seine Augenbrauen rutschten über der Nase zusammen. »Zehn Stück?«

Maria nickte.

»Also, wenn heute der letzte Schultag vor den großen Ferien wäre, dann hätten wir«, er zog die Nase kraus und rechnete, »pro Tag jeder knapp ein Achtel Mars.«

»Ich würde abnehmen«, sagte Maria.

»Ich würde verhungern«, gab Olle zurück.

Sie begannen beide zu kichern. Olle war wahnsinnig dünn und schlaksig – ein Fädchen, wie Frau Weisser zu sagen pflegte. Nur wurde er deswegen von niemandem gehänselt. Alle hatten vor Olle Respekt, vor ihm und seinem Wissen. Mit dem er niemals herumprotzte, denn Olle war kein Streber. Im Gegenteil, er war sogar sehr hilfsbereit. Selbst Schüler aus höheren Klassen kamen, um sich von ihm helfen zu lassen. Maria war einmal in der Nähe gewesen, als er einem älteren Jungen bei der Lösung eines mathematischen Problems behilflich gewesen war.

$$a^2 + b^2 = c^2$$

»Satz des Pythagoras«, hatte Olle gemurmelt. Es hatte etwas mit rechtwinkligen Dreiecken zu tun, es fielen seltsame, unaussprechliche Worte wie *Kathete* und *Hypotenuse* und *Proportionalität*.

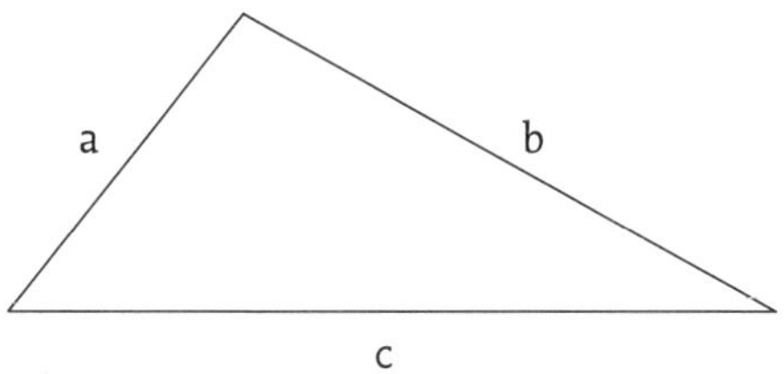

Es ging darum, dass wie von Zauberhand um das Dreieck herum entstandene quadratische Flächen ein Verhältnis miteinander hatten. Na ja, oder so ähnlich. Außerdem musste man irgendwelche Wurzeln ziehen, was Marias schrecklichen Verdacht bestätigt hatte, dass ein geheimnisvoller Zusammenhang zwischen Mathematik und Zahnarztbesuchen bestand. Wirklich eingeleuchtet hatte ihr bei der ganzen Rechnerei lediglich, dass man schneller war, wenn man einen direkten Weg nahm, anstatt um eine Ecke zu gehen. Damals hatte sie sich gewünscht, jemand würde sich einmal so viel Mühe damit geben, sich so viel Zeit nehmen, ihr etwas wie diesen Pythagoras auseinanderzusetzen. Jemand wie Olle, hatte sie gedacht. Und dieser winzige Gedanke hatte in ihrem Bauch ein krachendes, in alle Richtungen schießendes Feuerwerk ausgelöst.

Olle.

Der süße, geduldige, schlaue Olle.

»Also, was ist, hast du Hunger?«, fragte sie ihn.

»Ja.«

»Wenn ich das gewusst hätte, von wegen Vitaminen und so …«, murmelte sie.

Plötzlich war es ihr peinlich, dass sie nicht daran gedacht hatte, wenigstens etwas Obst mitzunehmen. Olle sah nicht aus, als äße er Süßigkeiten. Er hatte so weiße Zähne, so wunderbar winterweiße, regelmäßige, entzückende …

»Andere Leute«, sagte er, »schreiben Liebesbriefe oder so was, wenn sie von jemandem geküsst werden wollen.«

Ups …! Man musste wirklich aufpassen, wenn man nicht von einem seiner Sätze aus dem Gleichgewicht geworfen werden wollte.

»Ich bin nicht so gut in Rechtschreibung«, gab Maria zurück.

»Mach dir nichts draus.«

Klar, toll! Der hatte gut reden!

Maria holte den ersten Fünferpack Mars aus ihrer Schultüte, nahm einen der Riegel heraus, riss die Packung auf und teilte das erste Mars in zwei gleich große Stücke, die sie Olle in die Hände drückte.

»Noch nicht essen.«

Sie kramte nach der Flasche mit der Sprühsahne, die am Boden der Tasche lag. Olle sah zu, wie sie den Zylinder heftig schüttelte, um dann jeweils einen großzügigen Klacks Schlagsahne auf die Marshälften zu verteilen.

»Guten Appetit«, wünschte sie.

»Genau.« Er aß langsamer als sie, kaute methodisch, wahrscheinlich genau zweiunddreißig Mal pro Bissen, wie es der Schulzahnarzt gesagt hatte. Er grinste, als er sah, dass sie schon fertig war und ihn beobachtete. Es war ein überraschend nettes Schoko-Sahne-Grinsen.

»Du bist ganz schön verrückt, Maria.«

Sie zuckte die Achseln.

»Aber trotzdem nett.«

»Das findet sonst niemand.« Vielleicht sagte er das nur, weil er befürchtete, sie habe außer den Schokoriegeln und der Sprühsahne auch noch ein dreißig Zentimeter langes Messer in ihrer Schultasche versteckt.

»Also, ich finde das schon.« Er leckte sich einen letzten Tupfer Sahne aus dem Mundwinkel. »Willst du wissen, was ich an dir mag?«

Sie konnte sich nicht vorstellen, dass jemand etwas an ihr mochte.

Schusselbacke.

Dicke Kuh.

Wo hast du die Schuhe her, vom Sperrmüll?

»Dass du so direkt bist.«

»Ist mir noch gar nicht aufgefallen.«

»Mir aber.« Olle schob erneut die Brille zurück. Er schien gar nicht zu merken, wenn er das tat. »Zum Beispiel, dass du mich kidnappst, weil du mich küssen willst. Wer würde so was schon tun außer dir?«

»Keine Ahnung. Vielleicht machen das viele Leute so und man kriegt es nur nicht mit?«

»Glaub ich nicht«, sagte Olle langsam.

Es war ein unheimlicher Moment, denn jetzt sah er sie an, durch diese Brille. Lange sah er sie an, als betrachte er sie mit ganz neuen Augen. Und das Unheimliche daran war nicht der unbeirrte, forschende Blick, sondern dass Olle dabei so *erwachsen* wirkte.

»Hast du schon mal«, fragte er jetzt, »was vom Stockholm-Syndrom gehört?«

»Nee.« Sie dachte an Erkältung, Ausschlag und explodierende Fieberthermometer. »Ist das was Schlimmes?«

Er schüttelte den Kopf. »Vor vielen Jahren ist in Stockholm eine ausländische Botschaft oder so was überfallen worden. Die Gangster haben Geiseln genommen. Es dauerte Tage oder Wochen, bis die Geiseln endlich wieder frei waren. Und weißt du, was passiert ist?«

»Alle wurden von der Polizei erschossen«, schlug Maria vor. »Die Gangster und die Geiseln und womöglich auch noch irgendein unschuldiger Hund.«

Unschuldiger Hund, o Mann! Warum musste sie bloß immer so einen Quatsch erzählen?

»Nachdem die Geiseln befreit worden waren, haben sie die Gangster in Schutz genommen! Sie hatten sich so sehr in ihre Kidnapper hineinversetzt, dass sie die richtig mochten.«

»Verrückt.«

»Ziemlich.«

»Warum hast du mir das erzählt?«

Jetzt wurde er schon wieder rot. Es war kaum zum Aushalten, wie gut ihm diese verlegene Röte stand. »Weil ich überlegt habe, warum ich plötzlich doch Lust habe, dich zu küssen.«

»Obwohl du erst elf Jahre alt bist?«

»Fast zwölf.«

Wummer, wummer, wummer!

Jetzt nur nicht plötzlich schüchtern werden. Bloß nicht sagen, dass es vielleicht gar nichts mit Stockholm zu tun hat, sondern möglicherweise mit der Schokolade. Vielleicht war in Mars was drin, was die Leute dazu brachte, andere küssen zu wollen.

»Ja, dann ... dann mach mal, oder?«

Olle ließ sich vom Tisch rutschen, ging einen Schritt auf sie zu und stand plötzlich ganz dicht vor ihr. »Könntest du dich ein bisschen runterbeugen? Du bist größer als ich.«

»Okay«, sagte sie.

»Aber ohne Zunge!«

»Okay.«

»Und nur ganz kurz!«

»Jaja.«

Sie schloss die Augen. Sie fühlte ihren Herzschlag. Sie spürte die Sonne auf ihren Wangen, sie spürte Olles Lippen auf ihren Lippen, ganz kurz, ganz leicht. Eine Berührung wie von Schmetterlingsflügeln. Es kribbelte überall. Es war das unglaublichste Feuerwerk aller Zeiten.

»Olle?«, sagte Maria, als sie wieder atmen konnte.

»Hm?« Sein Gesicht war direkt vor ihrem. Er sah sie an, als habe er gerade eine besonders gute Klassenarbeit abgeliefert und erwarte jetzt dafür eine besonders gute Note.

»Könntest du noch mal? Ohne Brille, meine ich?«

»Einmal reicht.«

»Gut. Ehm ...« Sie räusperte sich. »Würdest du dann bitte von meinem rechten Fuß runtergehen?«

»Entschuldigung!« Er machte einen Schritt zurück und fuhr sich verlegen mit einer Hand durch die Haare. Und schob schon wieder seine Brille zurück. Und sah sich schon wieder ein wenig hilflos um.

»Möchtest du vielleicht noch ein Mars?«, fragte sie, um die unvermittelt eingetretene peinliche Stille zu übertönen.

Er öffnete die Packung selbst. Er riss das knisternde Papier nicht auf, wie sie es getan hatte, sondern schälte es von der Schokolade herunter, wie bei einer Banane.

Mein erster Kuss, dachte Maria. *Mein erster Kuss. Ohne Zunge.*

»Ich glaube«, sagte Olle, während er mit Bedacht an dem Knisterpapier herumzuppelte, »es ist nicht gut, wenn man Dinge erzwingt. Einen Kuss zum Beispiel.«

»Wieso nicht?«

»Weil man sich danach mies fühlt.«

»Mich würde aber niemand freiwillig küssen.«

»Woher willst du das wissen?«

»Ich weiß es.«

Er hielt ihr den Schokoriegel entgegen und sie sprühte großzügig Sahne drauf. Selbst bei ihrer Mutter hatte sie das Gefühl, dass die sie nicht freiwillig liebte. Mama war zusammengesetzt aus Seufzern und bedeutungsschweren Augenaufschlägen.

Ach, Maria. Maria ...!

Sie sah zu, wie Olle den letzten Rest des zweiten Mars hinunterschluckte.

»Du hättest mir was davon abgeben können.«

»Was ... oh, tut mir leid. Aber wir haben ja noch welche.«

Das dritte Mars verschwand, nachdem sie ohne viel Brimborium das Knisterpapier zerfetzt hatte, in Marias Hals, wie ein Kaninchen im Rachen einer Würgeschlange. Sie hasste diese Angewohnheit, sich mit Essen vollzustopfen, wenn sie unglücklich oder aufgeregt war.

»Du solltest nicht so schlingen«, mahnte Olle.

»Ich weiß, Mama«, grinste Maria.

Olle grinste zurück. Und plötzlich nahm er, aus welchen Gründen auch immer, seine Brille ab und strahlte sie an. Noch nie hatte jemand sie so angestrahlt, noch nie hatte sie so große blaue Augen gesehen: zwei wolkenlose, tiefe Himmel.

»Nein«, sagte sie, nachdem sie eine Weile oder einen Tag oder ein Jahr in diese beiden Himmel geschaut hatte.

»Was?«

»Ich fühle mich nicht mies. Ich fühle mich großartig.«

»Wegen dem Kuss?« Olle setzte seine Brille wieder auf. »Ich fühle mich auch ganz gut.«

Waffenstillstand, dachte Maria. Alles wäre traumhaft bestens, wenn wir jetzt noch ein paar Vitamine hätten. Und wenn Olle noch mal und ohne Brille und überhaupt.

Ach, Olle ...

Als das entfernte, abwechselnd leise und dann wieder etwas lautere Klopfen ertönte, dachte sie zuerst, ihr Herz beginne wieder verrücktzuspielen. Dann erkannte sie in dem ungleichen Muster die Schritte von Frau Weisser.

»Ihre Tasche«, zischte Olle. Er zeigte zum Lehrerpult, auf dem, bisher von ihnen unbemerkt, die rostrote Aktentasche der Lehrerin lag. Vergessen.

Das war es dann, dachte Maria. Wie ein bleischwerer Vogel mit scharfen Krallen ließ sich das Gefühl des Unglücks auf ihrem Rücken nieder: Pecht gehabt, Froschmaul.

Olle legte einen Finger auf seine Lippen. Dann ergriff er Maria bei den Schultern und lotste sie um die Ecke, in den vom Lehrerpult aus nicht einsehbaren Teil des Zeichensaals.

»Was soll das?«, flüsterte Maria. »Willst du nicht raus?«

Olle schüttelte den Kopf. »Nein.«

Sie lauschten. Ein Schlüsselbund klapperte, der Türgriff wurde herabgedrückt. Ein Seufzen von Frau Weisser. Nach einer Ewigkeit von genau siebzehn Sekunden, die Maria Olle leise mitzählen sah, war alles vorbei. Sie waren wieder allein.

»Ich schätze, meine Eltern werden sich Sorgen machen«, sagte Olle.

»Meine Mutter hoffentlich auch.«

»Wir werden Ärger kriegen.«

»Und wie.«

Sie setzten sich nebeneinander auf den Fußboden, mit ausgestreckten Beinen, im Rücken die Wand. Ihnen gegenüber lagen die hohen Fenster, von allen Seiten des Raums leuchteten ihnen die mit Wasserfarben gemalten Bilder entgegen.

»Wir könnten ein Bild malen«, sagte Olle nach einer Weile. »Gemeinsam, meine ich.«

»Gut.«

»Und es dann aufhängen. Und vorher alle anderen Bilder abhängen. Das wollte ich schon immer mal tun.«

»Ja. Gut.«

»Vielleicht geb ich dir auch noch einen Kuss.«

»Mhm.«

Olle begann ein kleines Lied zu pfeifen. Er war anders als alle anderen Jungen, die sie kannte. Wahrscheinlich war er ein bisschen verrückt. Maria hätte ihm gern noch einmal in die Augen gesehen, doch seine Brillengläser fingen das durch die Fenster fallende Licht der Nachmittagssonne ein und warfen es in den Zeichensaal zurück. Tausend goldene Funken, sie tanzten über die Wände, über Tische und Bänke. Funken und Schmetterlingsflügel und Pythagoras, und Mann, würde das ein Sommer werden, so völlig ohne rechte Winkel!

Novemberwind

29. August

Es gibt einen Neuen in unserer Klasse und er heißt Adrian. Er ist klein und zierlich. Frau Weber hat das so gesagt, vor allen Schülern: Du bist aber zierlich! Großes Gelächter. Adrian kriegte einen knallroten Kopf vor Verlegenheit. Er sah aus, als wollte er im Boden versinken.

Die Weber hat ihn dann ausgerechnet neben Daniel gesetzt. Freiwillig wollte da noch nie jemand sitzen, obwohl Daniel wahnsinnig schlau ist, weshalb man bei Klassenarbeiten prima von ihm abschreiben könnte. Wenn Daniel seine schlauen Sachen sagt, geht dabei sein Mund auf und zu, aber seine Augen blinzeln nicht. Bis heute Vormittag war ich nicht mal sicher, ob er lächeln kann. Ich hätte gewettet, dass er ein Außerirdischer ist, den seine Pflegeeltern aus Mitleid adoptiert haben. Eigentlich wollten sie Pilze sammeln, aber plötzlich stürzte neben ihnen dieses Ufo ab, voll rein in die Pfifferlinge, mit einem Baby ohne Gesichtsmuskeln an Bord.

Warum ich das überhaupt erwähne: Als Adrian sich neben ihn setzte, geschah das völlig Unerwartete: Daniel zog die Mundwinkel hoch, was wohl so viel bedeutete wie ein Lächeln. Ein Raunen ging durch die Klasse. Es war, als hätten über zwanzig Zeugen gerade gesehen, wie ein Roboter zum Leben erwachte. Der zierliche Adrian lächelte zurück, und plötzlich verstanden alle, da hatten sich zwei Freunde gefunden. Man verstand es so deutlich, als hätte Frau Weber es in Großbuchstaben an die Tafel geschrieben, vor der sie jetzt stand und grinste.

Frau Weber besucht fast jedes Wochenende diese Seminare zur Fortbildung. Meistens geht es dort um ihre Unterrichtsfächer, Deutsch und Sport, aber manchmal lernt sie so allgemeines Zeugs, von dem sie uns dann montags erzählt: Meine lieben kleinen Pisagesichter, ich hab was Neues gelernt über Ganztagsschulen, das ist revolutionär! Irgendwann hat sie wohl auch was Revolutionäres gelernt über zierliche Jungs und außerirdische Jungs und dass die gut zusammenpassen. Ich finde, sie hätte Adrian auch auf den freien Platz neben mir setzen können. Das hat sie womöglich gelassen, weil sie denkt, dass ein Junge besser für ihn wäre. Ich hoffe, sie besucht zu dem Thema bald mal ein Seminar.

Noch etwas, das vermutlich außer mir niemandem aufgefallen ist: Daniels merkwürdiges Lächeln sah nicht nur so aus, als übte er noch. Es war außerdem auch etwas Blaues drin. Und Blau ist die traurigste Farbe der Welt.

31. August

Sie verbringen jetzt jede Pause miteinander, Daniel und Adrian. Keine Ahnung, über was sie sich unterhalten, dazu reden sie zu leise. Heute hab ich mich so nah wie möglich an sie herangeschlichen, aber ich hörte nicht mehr als ein Flüstern. Es klang wie Novemberwind, der durch Bäume fährt, an denen kaum noch Laub dran ist.

Sie saßen nebeneinander unter den alten Kastanien, wo zurzeit noch alle Blätter dran sind, schließlich ist Sommer. Adrian hatte irgendwas erzählt, praktisch ohne Unterbrechung, die Pause war schon fast um. Jetzt antwortete Daniel und die Sonne machte dabei sein Maskengesicht, in dem der Mund sich öffnete und schloss, ganz hell. Adrian hörte aufmerksam zu. Er hatte die Hände um die Knie gelegt, als müsste er sich an sich selber festhalten. Die ganze Zeit guckte er dabei auf seine Turnschuhe und zuletzt guckte er langsam rauf und es sah so aus, als würde er gleich weinen. Seine Augen schimmerten feucht.
Ich hab noch nie gesehen, wie ein Junge einen anderen tröstet. Ich meine, nicht so kumpelhaft wie nach einem verlorenen

Fußballspiel, wenn zwei sich kurz in den Arm nehmen und sich mit den Fäusten über die Köpfe rubbeln und sich dann schnell wieder loslassen, bevor es peinlich wird. Ich meine die Art von Trösten, wenn etwas in jemandem kaputt ist. Das Herz oder so.

Denn genau so sah Adrian aus, als wäre was in ihm kaputt und er fände den Werkzeugkasten nicht. Daniel legte ihm einen Arm um die Schultern, zog seinen Kopf an seine Brust und fing an, ihm ganz sacht die Haare zu streicheln. Jeder konnte die zwei dabei sehen. Erst dachte ich, da können sie sich auch gleich erschießen. Aber keiner der anderen Jungen traute sich was zu sagen, keiner rief Schwulis oder so was.
Daniel guckte ganz ruhig über den Pausenhof. Sein niemals blinzelnder Blick sah aus, als würde er jeden verbrennen, der sich ihm oder Adrian zu nähern wagte.

1. September

Adrian gibt auf keine Frage in keinem Fach eine Antwort. Entweder er ist dumm und weiß tatsächlich nichts, oder er ist total schlau und hält den Mund bloß, damit keiner merkt, wie schlau er ist. Man wird wohl die ersten Klassenarbeiten abwarten müssen, aber ich würde jetzt schon wetten, dass Frau Weber ihn dann von Daniel wegsetzt.
Ich melde mich auch fast nie, wenn ich was weiß. Vielleicht liegt das daran, dass ein Lehrer dich nie nach was fragt, was du

mal jemandem wirklich gern erzählen würdest. Zum Beispiel, wie es sich anfühlt, wenn deine Mutter abgehauen ist zu einem neuen Mann, was ja schon schlimm genug ist, aber wie es sich sozusagen doppelt schlimm anfühlt, weil du nicht verstehst, warum sie dich nicht mitgenommen hat.

Bei Adrian zu Hause scheint es auch nicht gerade toll zu sein. In der Pause habe ich belauscht, wie Lena das den anderen Mädchen erzählte. Sie wohnt in derselben Straße und im selben Haus wie Adrian. Lena meinte, Adrians Mutter wäre eine Schreitussi und sein Vater ein Säufer. Da muss was dran sein, denn mit Schreitussis kennt Lena sich aus, ihre Mutter ist ja selber eine. Und ich weiß, dass Saufen nur so eine Art wütendes oder trauriges Trinken ist, aber wenigstens trinkt mein Vater nur manchmal.

2. September

Adrian ist total gut in Sport! Das muss man gesehen haben, wie er beim 400-Meter-Lauf alle anderen abhängte. Frau Weber guckte zu, als Adrian wie mit einer Rakete im Hintern abzischte und eine riesige ockerfarbene Staubwolke hinterließ. Ich hab's gewusst, sagte sie mit dem fettesten Grinsen aller Zeiten im Gesicht. Zierlich und flink!

Trotzdem will keiner was mit Adrian zu tun haben, was natürlich daran liegt, dass er als Einziger was mit Daniel zu tun hat. Inzwischen denke ich, dass die beiden so unzertrennlich sind, weil sie ein Geheimnis teilen. Vielleicht ist Adrian ja ebenfalls ein Außerirdischer, das würde zumindest erklären, warum er so wahnsinnig schnell ist. Oder er und Daniel sind Zwillingsbrüder, die sofort nach ihrer Geburt bei eBay an verschiedene Eltern versteigert wurden. Der eine, weil er sein Gesicht nicht bewegen konnte, und der andere, weil er so klein war, dass er dauernd in den eigenen Windeln verloren ging.

Wenn ich eine Schwester oder einen Bruder hätte, wären wir schon längst zu zweit über alle Berge. So viel steht mal fest.

5. September

Heute in der Schule, in Geografie bei Herrn Weyrich, gab es Stunk mit Adrian. Der wurde wegen irgendwas wütend, das Esmail ihm zugezischelt hatte, und ging auf ihn los, mit einem Stuhl. Von wegen zierlich! Adrian hob den Stuhl hoch über den Kopf und warf ihn. Daniel sah ihm ganz ruhig und ohne zu blinzeln dabei zu und versuchte auch gar nicht, ihn vom Werfen abzuhalten.

Esmail konnte schnell genug ausweichen und der Stuhl flog halb in die Europäische Union und halb in den Atlantik. Fast wäre die Wandkarte umgekippt. Der Weyrich war stinksauer. Er brüllte Adrian an, du hast ja wohl mal einen größeren Dachschaden als eine japanische Tanzmaus! Dann schickte er ihn zum Direktor. Zwei Stunden später war Adrian dann plötzlich verschwunden und der Stuhl auch.

Daniel fand beide nur zweihundert Meter von der Schule entfernt, auf den Bahngleisen. Er war losgelaufen wie ein Spürhund, ohne ein Wort. Die halbe Klasse folgte ihm. Keine Ahnung, woher er wusste, wo er suchen musste. Adrian saß zwischen den Schienen auf dem Stuhl, als wollte er sich vom nächsten Zug überfahren lassen. Darauf konnte er lange warten, da fahren nämlich schon seit Jahren keine Züge mehr, aber woher sollte er das wissen? Er muss gehofft haben, es käme wirklich einer. Ich sah ihn nämlich lächeln, wie er da in der Sonne saß und geduldig wartete, und es war ein blaues Lächeln. Ganz weit hinten, in der Ferne, liefen die Gleise zu einem einzigen flimmernden Punkt zusammen.

Das gibt jetzt Probleme mit seinen Eltern, so viel ist klar. Man fragt sich nur, was dabei rauskommen soll. Die Schule macht Adrians Eltern Stress, und die machen dann Adrian Stress, und beim nächsten Mal trägt er wahrscheinlich einen gemütlichen Fernsehsessel auf ein Paar Gleise, wo doch noch Züge fahren. Man fragt sich, wie Erwachsene so blöd sein können.

Und ich frage mich, was in Adrians Kopf los ist. Es gibt ja diesen Spruch, dass stille Wasser tief sind. Man muss wohl ziemlich tief sein, um Stühle durch die Gegend zu werfen und sich anschließend von der Eisenbahn überfahren lassen zu wollen. Wie lange wäre Adrian wohl auf den Gleisen sitzen geblieben, wenn Daniel ihn nicht gefunden hätte?
Ich war bis jetzt nie so richtig neidisch auf die anderen Mädchen. Dass sie ständig zusammen rumstehen und tuscheln und so weiter. Aber jetzt bin ich es. Ich wüsste nämlich zu gern, was sie über den ganzen Vorfall denken. Könnte ja sein, Lena weiß was Genaueres darüber, was bei Adrian zu Hause so abgeht, aber wie soll ich das raushören bei ihrem Geflüster?

6. September

Mama hat angerufen und gesagt, du musst noch eine Weile durchhalten, mein Schätzchen, bis ich dich zu uns hole. Mit uns meint sie sich und diesen Florian, den sie im Büro kennengelernt hat. Der sieht immer so aus, als käme er gerade aus dem Urlaub, während Mama an seiner Seite so aussieht, als hätte er sie in diesem Urlaub in einem Andenkenladen gekauft und mitgebracht.

Ich hab angefangen zu weinen und gefragt, warum sie mich nicht gleich holt, und sie sagte, das ist zu kompliziert, kümmere dich ein bisschen um deinen Vater. Am liebsten hätte ich ihr durchs Telefon hindurch eine geklatscht. Stattdessen hab ich einfach Ja gesagt und aufgelegt.

Ich weiß, ich sollte das nicht denken, es fühlt sich so schlecht an. Aber ich will nicht bei Papa bleiben. Seit ich mich erinnern kann, ist er komisch. Wie ein Igel mit Eisenstacheln, der dauernd zusammengerollt ist und keinen an sich rankommen lässt. Kein Wunder, dass Mama ihn verlassen hat, wahrscheinlich hat sie sich zu oft an ihm gestochen. Aber diesen Florian will ich auch nicht. Er guckt Mama immer an, als wäre sie eine riesige Eistüte mit Sahne drauf, aber er will nur die Sahne und ein bisschen was vom Eis und die Waffel wirft er am Schluss weg.

7. September

Heute haben wir in Mathe eine Menge Rechenzeugs mit Dreiecken gemacht. Zum Beispiel hat ein Dreieck mit drei gleichen Winkeln automatisch drei gleich lange Seiten. Als Herr Helm uns das erklärte, freute er sich dabei fast die Ohren ab, als wären gleich lange Schenkel für sein Leben von großer Bedeutung. Ich hab dann so ein Bild gemalt:

Dieses Dreieck sind die alten Bahngleise, die hinter Adrian in der Ferne zusammenliefen. Wo die Gleise sich treffen, stehe ich. Ganz unten, wo sie ein Stück weit auseinanderliegen, stehen Daniel und Adrian. Aber die zwei sind so weit von mir entfernt, dass sie mich nicht bemerken. Sie sehen nur sich.

8. September

Eine große Katastrophe ist passiert, Daniel ist womöglich tot! Er ist in einen von den alten Stollen im Enzberg gekracht. Da wimmeln jetzt, genau in diesem Moment, tausend Leute rum und alle fragen sich, wie das passieren konnte. Ich bin so aufgeregt, ich weiß gar nicht, wo ich anfangen soll.

Jedes Kind in der Stadt weiß von den Gängen und Stollen im Enzberg. Früher wurde dort Erz gefördert, bis vor ungefähr hundert Jahren, als der Berg nichts mehr hergab. Im Zweiten Weltkrieg versteckten die Leute aus der Stadt sich in den Stollen, während draußen die Bomben fielen. Nach dem Krieg, weil inzwischen alles einsturzgefährdet war, wurde der Zugang zum Enzberg endgültig versiegelt.

Vor was weiß ich wie vielen Jahren ist mal, trotz der Versiegelung, ein Junge im Enzberg verschwunden. Er wurde aber schnell wiedergefunden und danach verließ seine Familie mit ihm die Stadt. Er war in einen versteckten alten Schacht gekrabbelt, der nur mit Brettern abgedeckt gewesen war. Man nannte ihn den weißen Jungen, weil seine Haut ganz weiß war. Er war also ein Albino, aber Frau Weber meint, das darf man nur bei Meerschweinchen oder anderen Kleinsäugern sagen, bei Menschen heißt es minimal pigmentiert. Pigmente sind diese kleinen Farbfitzel in unserer Haut, die braun werden, wenn Sonne drankommt.

Daniel ist jedenfalls in so einen ähnlichen Schacht gefallen wie damals der Albino, nur dass dieser Schacht weder versteckt noch abgedeckt war, sondern gar nicht sichtbar. Ein vergessener Lüftungsschacht. Das Schlimme ist, dass Daniel dort nicht nur eingekracht ist, sondern dass durch die Erschütterung alle möglichen anderen Gänge und Tunnel auch eingestürzt sind. In der ganzen Stadt konnte man das Rumpeln hören, es klang wie ein Gewitter. War es aber nicht. Es war der Enzberg, und der hat sich Daniel geholt und kein Mensch weiß, ob er noch lebt, und jetzt ist die Hölle los.

Später

Die lassen da keinen hin, schon gar keine Kinder. Rund um die Unglücksstelle ist alles abgesperrt von der Feuerwehr und dem Technischen Hilfswerk und so weiter. Die Polizei lässt keinen durch. Man sieht nur den Wald und die rotweißen Sicherheitsbänder, die zwischen den hohen Bäumen flattern. Oben auf dem Hügel ist irgendwo das Loch. Überall rennen und stolpern Menschen herum. Eigentlich müsste der Himmel voller dunkler Wolken sein und es müsste regnen, das würde viel besser passen zu diesem traurigen Aufruhr. Aber der Himmel ist blau und die Sonne scheint. Ich weiß nicht, warum, aber es ist ein schrecklicher Gedanke, dass es der Sonne und überhaupt dem ganzen Universum völlig egal ist, wenn da mal so eben zwischendurch ein Junge verschwindet.

Es heißt, Daniel sei allein im Wald unterwegs gewesen und plötzlich habe die Erde sich unter ihm aufgetan und ihn verschluckt. Wenn nicht zufällig zwei vorbeilaufende Jogger gesehen hätten, wie da gerade eben noch ein Junge gewesen war und auf einmal nicht mehr, hätte keiner was gemerkt. In ein paar Tagen oder Wochen hätten wir bloß gedacht, Daniel wäre von einem Ufo abgeholt und endlich nach Hause gebracht worden. Ich frage mich, was er allein im Wald zu suchen hatte, und ich frage mich, wo Adrian ist. Ich hoffe, er ist nicht ebenfalls in das Loch gerutscht und die Jogger haben ihn bloß übersehen, weil er so klein und zierlich ist.

Noch später

Daniel lebt! Er hat was aus dem Schacht nach oben gerufen, aber seine Stimme war ganz schwach und man konnte es nicht richtig verstehen. Vermutlich ist er verletzt.

Die Feuerwehr will jetzt den versiegelten Eingang zum Bergwerk öffnen. Von dort aus wollen sie durch die alten Stollen zu Daniel vordringen. Durch das Loch, in das er gefallen ist, kommt man nämlich nicht an ihn ran, das ist viel zu eng. Es heißt, wenn sie da jemanden runterschicken oder darin herumpulen, wird womöglich alles nur noch schlimmer und der Berg fällt Daniel endgültig auf den Kopf.

Vorhin rief ein Mann vom Technischen Hilfswerk durch einen Lautsprecher: Geht nach Hause, Leute, geht endlich nach Hause! Ihr könnt uns am besten helfen, indem ihr hier alles frei macht und die Bergungsarbeiten nicht behindert, nichts für ungut, aber geht jetzt nach Hause!

Also ging ich nach Hause. Draußen wird es langsam dunkel, aber der Himmel über dem Enzberg ist hell erleuchtet. Flutlichter sind aufgestellt und es sieht aus, als würden die Wolken glühen.

Eben hat Mama angerufen und gefragt, ob alles in Ordnung ist. Sie hat es im Radio gehört. Ich sagte Ja und gab das Telefon schnell an Papa weiter, bevor sie irgendwas von ihrem großartigen Florian erzählen konnte. Papa sagte ins Telefon, gar nichts ist in Ordnung, und dann fingen sie an zu streiten.

9. September

Heute Morgen ist die halbe Stadt gleich nach dem Aufwachen in Richtung Enzberg gehetzt. Viele Leute haben kein Auge zugetan, schließlich ist es die Sensation des Jahres. Ich ging erst mal zur Schule, weil ich dachte, dass vielleicht Frau Weber eine revolutionäre Idee hat, wie man Daniel aus dem Schacht befreien kann. Könnte ja sein, sie hat mal ein Seminar besucht über Kinder, die in Löcher fallen.

Frau Webers Augen waren rot und geschwollen, als hätte sie die ganze Nacht geweint. Sie sagte, heute fällt der Unterricht aus, meine Pisamäuschen, geht nach Hause und betet für unseren Daniel.

Also bin ich dann auch rauf auf den Enzberg, weil ich nicht wusste, wohin sonst. Vor den Sicherheitsabsperrungen herrschte ein gewaltiges Gedrängel. Dass aber jetzt bloß keiner denkt, den Leuten ginge es um Daniel. Die meisten wollen nur ins Fernsehen. Da sind nämlich inzwischen jede Menge Übertragungswagen angekommen, von allen möglichen TV-Sendern. Die Reporter stehen auf dem Hügel. Ihre Oberkörper sind so ein bisschen seitlich vorgeschoben und sie halten Mikros in den Händen wie beim Staffellauf. Sie schnappen sich zum Beispiel Esmail und der erzählt, was für ein toller Mitschüler Daniel war und wie betroffen er ist wegen dem menschlichen Verlust. Die Reporter nicken mitleidig. Sobald sie ihre Mikros abgeschaltet haben, lassen sie sich neues Gel in die Haare schmieren für ihren nächsten Auftritt und gucken auf die Uhr, als fragten sie sich, wann sie endlich Feierabend hätten.

Daniels Eltern lassen sich nicht interviewen. Ich hab sie heute zum ersten Mal gesehen, hinter der Absperrung. Daniels Vater hat sehr kleine, müde Augen. Er redet ständig mit den Leuten von den Rettungsmannschaften. Seine Arme zucken dabei rauf und fallen wieder runter, als wollten sie was heben, das viel zu schwer ist. Daniels Mutter hat das gleiche unbewegliche Gesicht wie ihr Sohn. Sie sieht aus, als wollte sie sagen: Ich hab schon immer gewusst, dass mein Sohn mal in ein Loch fällt, aber leider, leider hab ich nie darüber nachgedacht, wie es danach weitergeht.

Keiner weiß, wie es weitergeht. Hinter dem alten Bergwerkseingang ist nämlich, wie sich herausgestellt hat, alles verschüttet. Der Feuerwehrchef war sauer und sagte, das wäre zu erwarten gewesen. Seit Jahrzehnten hätte keiner sich um das Bergwerk gekümmert, aus Sicherheitsgründen hätte es längst gesprengt werden müssen, aber die Umweltschützer machten sich ja nur Sorgen um ein paar blöde Bäume und jetzt hätten wir den Salat. Zwar seien bereits Spezialisten und die benötigte Technik unterwegs, aber trotzdem werde es mindestens zwei Tage dauern, bis man da alles ordentlich abgestützt und sich durchgewühlt hat, und dann wüsste man immer noch nicht, wie es hinter dem Eingang weitergeht, verdammte Umweltschützer!

Man weiß auch nicht, ob Daniel überhaupt noch lebt. Aus dem Loch kommt nämlich kein Pieps mehr. Deshalb wollen sie jetzt ein Mikro runterlassen und eine kleine Kamera.
Das dauert. Inzwischen habe ich das hier alles in mein Deutschheft geschrieben. Vor lauter Angst ist mir kalt bis in die Zehenspitzen. Immerhin hab ich endlich Adrian entdeckt. Er steht ganz allein in der Gegend rum, wie eine Fahne am Nordpol. Ich würde am liebsten zu ihm gehen, trau mich aber nicht. Seine Augen sind weit aufgerissen, als wollte er mehr sehen, als ein Mensch sehen kann.

Später

Zuerst war das Mikro dran. Als es an einem langen Kabel in den Schacht abgeseilt wurde, wurde es vor der Absperrung plötzlich mucksmäuschenstill. Hunderte von Menschen hielten gleichzeitig den Atem an. Es war wie im Winter, wenn es so sacht schneit, dass man nicht mal hört, wie die Flocken auf den Boden treffen. Man hört nur das unsagbar winzige Geräusch, wie sie durch die Luft segeln und wenn zwei von ihnen zufällig aneinander vorbeischrammen.

Daniel?

Knister, knister.

Daniel, kannst du mich hören?

Knister, knister, dann:

Ja.

Man sollte meinen, das wär's gewesen mit absoluter Stille. Aber niemand jubelte. Nur ein kleines Stöhnen kam von weit weg und ein Schluchzen. Ich reckte den Hals und sah, das kam von Daniels Vater. Er hatte eine Hand vor den Mund gepresst. Mit der anderen hielt er sich am Arm seiner Frau fest. Die war im Gesicht ganz weiß. Was sie wohl dachte?

Daniel, bist du verletzt?

Ich hab mir einen Arm gebrochen und ein Bein.

Es war typisch Daniel, dass er nicht sagte: Ich *glaube,* ich hab mir was gebrochen. Er war sich ganz sicher. Einer der Feuerwehrleute biss die Zähne zusammen und zischte *Scheiße!* zwischen ihnen durch.

Kannst du dich bewegen? Daniel?

Nein.

Wir schicken dir jetzt Wasser und was zu essen und außerdem eine Decke, Daniel. Du musst versuchen, da dranzukommen, auch wenn es wehtut.

Okay.

Und Tabletten – davon musst du sofort eine nehmen und dann alle sechs Stunden wieder eine, wir sagen dir rechtzeitig Bescheid. Und dann holen wir dich raus, aber es dauert eine Weile.

Keine Antwort. Das wunderte mich überhaupt nicht. Jetzt eine Tablette und dann alle sechs Stunden eine bedeutet ja wohl mindestens zwölf Stunden, wegen dem Plural. Daniel muss also mindestens noch bis heute Abend in diesem Loch bleiben. Womöglich macht er sich Sorgen, dass es bald regnet oder dass ihm der gebrochene Arm abfällt. Vielleicht gibt es da unten Ratten und er hat Angst vor ihnen.

Als Nächstes kam es zu einer großen Enttäuschung. Das mit der Kamera klappte nicht. Sie war technisch einwandfrei und so weiter, aber wie es aussah, lag Daniel hinter oder sogar zum Teil unter einem Haufen Erde. Er selber kam jedenfalls nicht ran und von oben ließ die Kamera sich nicht steuern. Ach, das arme Kind, sagte neben mir eine Frau.

Von Adrian war nichts mehr zu sehen. Wahrscheinlich ging es ihm wie mir, man muss ja schließlich mal was essen zwischendurch und aufs Klo. Ich bin schnell nach Hause gelaufen, hatte aber keinen Appetit. Papa saß im Wohnzimmer vor der Glotze, als hätte ihn jemand auf das Sofa geklebt. Er sagte nur kurz Hallo und Guck dir das mal an, also setzte ich mich neben ihn.

Im Fernsehen lief natürlich die Sondersendung. Da sagten sie gerade, dass *der kleine Daniel* mit seinen *vielfach gebrochenen Gliedmaßen* an das Essen und Trinken nicht rankäme. Deshalb sei es auch unmöglich, dass er sich selber ein Rettungsgeschirr anlege, und nach der Werbung geht's bei uns weiter, bleiben Sie dran.

Papa meinte, das mit dem *kleinen Daniel* sagen sie extra, um damit auf die Tränendrüsen zu drücken. Er stellte den Ton leiser und legte einen Arm um mich, ohne vom Fernseher wegzugucken. Er sagte, wenn dir so was passieren würde, könnten sie mich danach in die Klapsmühle einweisen. Und dann war auf einmal alles verkehrt herum, weil er plötzlich anfing zu weinen und ich ihn trösten musste, also machte ich seinen Arm von mir los und holte ihm schnell ein Bier aus dem Kühlschrank.
Ich hab mich nicht wieder neben ihn gesetzt, weil es so peinlich ist. Stattdessen sitze ich am Tisch und hab den Fernseher im Blick, falls es Neuigkeiten gibt, und nun hab ich erst mal alles aufgeschrieben, was passiert ist, sonst vergesse ich womöglich was Wichtiges.

Gerade im Moment ist wieder die Liveschaltung. Vorhin war der Bürgermeister zu sehen, wie er mit ganz tiefer Stimme, als steckte ihm ein Brikett im Hals, ins Mikro von einer Reporterin sprach: dass eigentlich jemand in den Schacht runtermüsste, um dem Jungen das Rettungsgeschirr anzulegen, weil der *schwer verletzte kleine Daniel* das selber nicht schafft, aber leider wäre der Schacht so eng, dass kein Erwachsener durchpasst, es ist eine echte Tragödie, Gott helfe uns.

Und jetzt spricht der Chef vom Technischen Hilfswerk. Eben hat er gesagt, wir wissen momentan auch nicht weiter, die Lage ist kompliziert. Eigentlich passt in diesen engen Schacht nur ein Kind, aber selbst das müsste schon verdammt klein und zierlich sein.

10. September

In Büchern steht an solchen Stellen immer: Das war der Moment, in dem die Ereignisse sich überstürzten. Jetzt weiß ich, wie so eine Überstürzung sich anfühlt.

Als ich bei Adrians Haus ankam, hatte ich fast keine Beine und keine Lungen mehr, so war ich gerannt! Trotzdem kam ich zu spät, denn Adrian war schon nicht mehr da, sondern unterwegs zum Enzberg. Das erklärte mir seine Mutter, die Schreitussi. Sie stand im Hausflur, halb in der Jacke. Sie sagte, ich kenn doch diesen Blick! Wenn mein Sohn so guckt, dann hat er was vor, und ich bin doch nicht doof und er ist doch so zierlich, genau wie der Mann das eben im Fernsehen gesagt hat!

Wahrscheinlich hätte ich sie gar nicht mehr erwischt, aber wie sie aussah, so frisch mattiert im Gesicht und knallroter Lippenstift drauf, hatte sie sich wohl rasch erst noch geschminkt. Ich schnupperte, solange die Tür zu Adrians Wohnung noch offen stand, ob es nach einem Säufer roch. Aber da war nichts. Dann zog Adrians Mutter die Tür zu und spurtete los, ohne ihren Mann.

Ich wollte ihr nach, als plötzlich jemand von oben das Treppenhaus runterbollerte. Am liebsten wäre ich Lena ausgewichen, aber sie hatte mich schon gesehen. Ich dachte, mehr als einen blöden Blick von der Seite kriege ich nicht von der, also Augen zu und durch. Aber dann hat sie mich völlig verblüfft. Sie sagte, komm, beeilen wir uns. Dann streckte sie eine Hand aus und zog mich hinter sich her.

Wir kamen trotzdem zu spät. Kurz hinter dem Stadtrand blieben wir erschreckt stehen, als ein Lärm ertönte, als würde der vor uns liegende Berg aufschreien oder der Wald. Es war wie bei einem Fußballspiel, wo endlich ein Tor fällt und der Jubel in den Himmel steigt. Aber gleichzeitig war es, als hätte der Torwart sich bei der misslungenen Abwehr des Balls schwer verletzt. Wir hetzten weiter, den Hügel rauf. Als wir endlich oben ankamen, fragte Lena jemanden, was passiert war.

Das hier: Vor ein paar Minuten war Adrian mit seinem kleinen Rucksack an der Unglücksstelle angekommen und einfach unter den Sicherheitsbändern durchgelaufen. Er war schnurstracks auf die Chefs von der Feuerwehr und dem THW zugegangen, hatte zu ihnen raufgeguckt und gesagt, ich muss da runter zu Daniel.

Erst musterten sie ihn alle, als hätte er die größte Macke des Jahrhunderts. Du gehst nirgendwohin, außer nach Hause, Kleiner, schnaubte der Bürgermeister. Aber dann sagte der Chef vom THW, wollen Sie wirklich so lange warten, bis es womöglich zu spät ist? Der Junge kann nachsehen, ob Daniel noch lebt, und er kann ihm was zu trinken und zu essen bringen. Wir sichern ihn so ab, dass nichts passieren kann, wir brauchen nur die Einwilligung seiner Eltern.

Adrian hob seinen Rucksack hoch, als wollte er sagen, daran hab ich schon längst gedacht, hier ist alles drin, nahrhaftes Essen, ein vitaminreiches Getränk, eine Taschenlampe, ein paar Mangas. Aber der Bürgermeister schüttelte den Kopf, kommt nicht in Frage. Der Chef vom THW fand, dass es doch in Frage kommen könnte, und der Feuerwehrchef fand auch irgendwas; jedenfalls brüllten sie sich nun alle drei an. Und während sie sich anbrüllten, hob Adrian den Rucksack noch höher, so hoch wie letzte Woche in der Schule den Stuhl. Er drängte sich zwischen all den großen Männern durch, klein und zierlich, wie er ist. Er rannte auf das Loch zu und verschwand in den Schacht, die Füße voran, und Hunderte von Menschen schrien auf, am lautesten die Fernsehreporter.

Als Lena und ich ankamen, standen alle noch unter Schock. Es war eine merkwürdige Atmosphäre, als würde das alles gar nicht wirklich passieren. Ich fühlte mich ganz beklommen, wie in einer Luftblase oder in einem von diesen schrecklichen Träumen, in denen man läuft und läuft, ohne wirklich von der Stelle zu kommen. Als wäre die Zeit stehen geblieben, um kurz Atem zu holen. Ich guckte vorsichtig zu Lena, die meine Hand losgelassen hatte, aber immer noch neben mir stand.
Dann guckte ich mir die Erwachsenen an, wie sie da alle hilflos zu dem Loch im Boden starrten, Daniels Mutter mit ihrem Ufo-Blick und Adrians Mutter, die aussah, als wäre sie mit dem Gesicht voran in einen Farbkasten gefallen, und die eine Schreitussi ist, und den Bürgermeister, der womöglich bald arbeitslos ist, wenn er einen Fehler macht, und den Chef vom THW, dessen Gesicht völlig zerknittert war vor Sorge, und sogar unseren Pfarrer, der irgendwie wütend aussah, als hätte er versucht, mit Gott zu telefonieren, und der ging nicht ans Telefon. Und dazwischen die Staffelläufer vom Fernsehen, die genervt waren, weil der Wind ihnen die Frisuren durcheinanderbrachte.

Ich muss leider sagen, ich bekam plötzlich eine so große Angst vor dem Erwachsenwerden, dass ich mich am liebsten sofort in ein Mauseloch verkrochen hätte. Ich hab immer gedacht, wenn man erwachsen ist, weiß man auf alles eine Antwort. Dann kriegt man im Leben sozusagen immer eine Eins. Aber jetzt, während die Zeit die Luft anhielt, sah ich diese Leute, von denen die meisten genauso wenig Antworten wussten wie ich.

Und andere Leute, die schon gar keine Fragen mehr stellten, sondern nur noch tatenlos in die Landschaft guckten, weil sie dachten, dass das ganze Fragen ja doch nichts bringt.

Mir fiel dieser minimal pigmentierte Junge von früher ein. Der war auch abgehauen, weil keiner ihn leiden konnte. Ich sagte das zu Lena: Scheint so, als übt der Enzberg eine magische Anziehungskraft auf Kinder aus, die über der Erde keiner wirklich haben will. Lena meinte, ich weiß nicht. Bei mir zu Hause ist es auch nicht das reinste Zuckerschlecken, aber man kann doch nicht einfach von der Erde verschwinden, weil man es schwer hat im Leben.

Ich musste an ihre Mutter denken. Ich musste an alle möglichen Kinder in unserer Klasse denken. An Mütter und Väter und daran, dass manche von denen richtig gut miteinander funktionieren und andere überhaupt nicht.

Ich fragte Lena, warum hast du mich vorhin mitgenommen? Lenas Gesicht veränderte sich, als würde es vom einen auf den anderen Moment ein wenig älter. Auf einmal sah es aus wie ein Gesicht, das schon viel nachgedacht hat. Lena sagte, siehst du denn nicht, was hier passiert ist? Ich wette, die beiden sind eigentlich ganz in Ordnung, und ich wette, wenn ich mir mehr Mühe gegeben hätte, das rauszufinden, wären sie jetzt noch da.

Dann hatte die Zeit durchgeatmet und es ging so weiter, wie es weitergehen musste. Die Rettungschefs und der Bürgermeister und Adrians Mutter und Daniels Eltern brüllten einander an, wie konnte das passieren, wie konnte das passieren! Kameramänner vom Fernsehen hasteten stolpernd zwischen ihnen herum. Ein vielstimmiges Gemurmel erhob sich von den Zuschauern und stieg zu den Kronen der Bäume rauf und von dort weiter in den graugoldenen Abendhimmel.
Der Bürgermeister tat schließlich das einzig Vernünftige. Er schnappte sich das Mikro. Junge, brüllte er da rein, Junge, kannst du mich hören? Sofort wurden alle wieder still und keiner bewegte sich mehr, als hätte Gott auf einen Knopf gedrückt.

Knister, knister.

Ich kann Sie hören.

Adrians Stimme.

Kann sein, es kam ein kleiner Laut aus dem knallroten Mund von Adrians Mutter, denn der stand ein bisschen offen. Aber wirklich gehört habe ich nichts. Alle lauschten der Stimme aus der Erde. Der Bürgermeister schluckte, man konnte sehen, wie dieses Ding vorne in seinem Hals, der Adamsapfel, rauf- und wieder runterrutschte. Dann rief er: Hast du Daniel gefunden? Seid ihr beide wohlauf?

Ich bin unverletzt, hörten alle Adrians Stimme, es geht uns gut. Eine Pause entstand. Ich weiß nicht, warum, aber ich bildete mir ein, dass Adrian soeben die Taschenlampe angeknipst hatte und dass er und Daniel sich im Lichtschein anlächelten. Dann erklang Daniels Stimme:

Eigentlich ...

Alle warteten darauf, dass er weitersprach. Aber keiner der Jungen sprach weiter, jedenfalls nicht so, dass man es hören konnte. Da war höchstens noch die Ahnung von einem Flüstern. Ich kannte dieses Flüstern. Es klang wie Wind, der durch Bäume fährt, an denen kaum noch Laub dran ist. Wie Novemberwind.

Es war das Letzte, was man je von Adrian und Daniel hörte.

12. September

Komisch, jetzt hab ich fast zwei Tage lang nichts aufgeschrieben, sondern alles immer nur mit Lena beredet, wieder und wieder. Zwischendurch, genauer gesagt gestern, kam Mama kurz nach Hause. Was für eine Katastrophe, sagte sie und streichelte mir dabei über die Wange, was für eine Katastrophe! Die armen Jungen, hast du die gekannt?

Ich wollte Ja sagen, aber das hätte nicht wirklich gestimmt, also schüttelte ich den Kopf. Ich wollte noch eine Menge mehr sagen, aber es ging nicht. Kein Ton kam raus. Ich wartete drauf, dass Mama mit Papa zu streiten anfing oder er mit ihr, aber diesmal blieben sie ganz friedlich. Ich schätze, die haben Muffe, dass ich womöglich auch in irgendein Loch springe, wenn sie sich nicht endlich mal zusammenreißen.

Als Mama wieder ging, dachte ich, nun nimmt sie mich endlich mit, aber Fehlanzeige. Ist mir jetzt auch egal. Mit Lena lässt sich alles viel besser aushalten. Nicht nur dieser Trennungskram von meinen Eltern, sondern auch der Verlust von Daniel und Adrian.

Es war wirklich so: Nachdem Daniel dieses eine letzte Wort gesagt hatte, drang von den beiden kein Laut mehr aus der Erde nach oben. Ein paar Stunden später, das war schon nach Mitternacht, sprach der Bürgermeister zum ersten Mal aus, was alle längst vermuteten: dass da unten irgendwas Schlimmes passiert sein musste.

Das dachten wir alle. Bis heute früh. Denn letzte Nacht sind die Rettungsmannschaften endlich durch den alten Bergwerkseingang bis zu der Stelle gelangt, wo Daniel runtergestürzt war. Da war keiner mehr, weder Daniel noch Adrian. Alle Seitengänge und so weiter wurden sofort abgesucht, aber ohne Erfolg. Angeblich ist der Berg auch nicht weiter verrutscht oder nachgesackt, die Jungen *müssten* dort sein, sind es aber nicht. Es ist gerade so, als hätten sie in der Dunkelheit da unten überlegt, dass sie auf die Welt da oben keine Lust mehr hatten. Als wäre es ihnen gelungen, ihre Fähigkeiten irgendwie zusammenzulegen, das Schlaue und das Schnelle, und für immer zu verschwinden. Vielleicht hat das nicht länger gedauert, als jemand braucht, um zu blinzeln.

Es ist alles sehr rätselhaft. Ich überlege, ob ich jetzt an Ufos glauben soll. Ich überlege, was wohl geschehen wäre, wenn ich Daniel mal angesprochen hätte oder Adrian. Immerhin waren wir uns ja ein bisschen ähnlich. Ich hab so ein Gefühl, als würde ich die beiden auf den alten Bahngleisen treffen, also geh ich da demnächst mal hin.

Aber in Wirklichkeit weiß ich fast gar nichts. Warum Adrian sich neulich auf diese Gleise gesetzt hat. Woher Daniel wusste, wo er nach ihm suchen musste. Warum die zwei sich überhaupt sofort angefreundet haben. Um Daniel und Adrian herum war alles blau. Blauer, als ich es mir vorstellen kann, und vielleicht sogar blauer, als ich wirklich wissen will. Kann sein, sie haben das gespürt, was ich jetzt bei Lena spüre. Dieses Unsichtbare, das uns alle umgibt, ob wir nun lustig sind oder traurig. Bei Lena und mir hat es ein bisschen gedauert, bis wir es bemerkten, aber um uns herum ist es definitiv gelb.

Und Gelb ist die schönste Farbe der Welt.

Inger

Inger war ein Mädchen und ich war ein Junge und damit fing der Ärger auch schon an. Zu der Zeit, in der diese Geschichte spielt – und das ist *lange* her –, waren Jungs nämlich nur mit anderen Jungs befreundet und Mädchen mit anderen Mädchen. Beide Geschlechter *zusammen* waren bestenfalls gut für Schlägereien. Bei denen hauten die Jungs drauf, was das Zeug hielt, während die Mädchen kratzten und bissen und sich überhaupt so benahmen wie eine Horde aus dem Zoo entlaufener Affen. Sagte jedenfalls Probst und der musste es wissen. Probst war ein Junge, der bei Prügeleien so kräftig draufhaute, wie er nur konnte. Einmal machte er den größten aller denkbaren Fehler und schlug sich mit Inger, die weder kratzte noch biss, sondern so kräftig draufhaute, wie *sie* konnte. Aber das ist eine andere Geschichte.

Als Inger in unsere Klasse kam, brauchte sie genau sechzehn Sekunden, um zur Heldin zu werden.

»Möchtest du dich nicht setzen, Inga?«, fragte Herr Wirtz, nachdem unsere neue Mitschülerin sich vorgestellt hatte. Ihre Schneidezähne standen ein wenig zu weit auseinander, genau wie ihre großen Augen. Sie trug lange, zerlöcherte Kniestrümpfe.

»Ich heiße Inger, nicht Inga«, sagte die Neue.

Wenn jemand eine Frage nicht direkt beantwortete, wurde Herr Wirtz ungeduldig. Er kratzte sich dann an der Stirn und rieb sich die Nase. Das war kein gutes Zeichen. Wir alle wussten das.

»Nun, *Inger*«, sagte Herr Wirtz und kratzte sich an der Stirn und rieb sich die Nase, »möchtest du dich nicht setzen?«

»Wenn Sie nichts dagegen haben«, antwortete Inger freundlich, »würde ich gern noch ein Weilchen stehen.«

»Ich habe ganz entschieden etwas dagegen«, sagte Herr Wirtz. Seine Stimme war sehr scharf geworden, etwa so scharf wie das Fahrtenmesser, mit dem mein Vater im letzten Urlaub an seinem neuen Wanderstock herumgeschnitzt hatte.

»Wenn Sie etwas dagegen haben«, sagte Inger, »warum fragen Sie dann erst so doof?«

Ingers Gesicht war immer sehr blass, beinahe weiß. Weiß wie eine Mondmotte. »Ich leide an einer geheimnisvollen Krankheit«, behauptete sie. »Daran werde ich sterben, in der Blüte meiner Jahre.«

Sie war gerade von der Standpauke beim Direktor gekommen, zu der Herr Wirtz sie geschickt hatte, und wir standen um sie herum, auf dem Schulhof. Es war eine der wenigen Gelegenheiten, bei denen Jungen und Mädchen beisammenstanden. Es war die Neugier, die uns alle einen großen Kreis um Inger bilden ließ. Wer sich mit Herrn Wirtz anlegte, der musste, so glaubten wir, übersinnliche Kräfte besitzen.

»Was für eine Krankheit?«, fragte jemand.

»Kalligrafie«, sagte Inger ernst und der Sommerwind hob ein Bonbonpapierchen auf und wirbelte es gegen ihre nackten Beine mit den zerlöcherten Kniestrümpfen.

Keiner von uns wusste, was Kalligrafie war. Das machte die Sache noch geheimnisvoller. Wir drängten von allen Seiten näher an Inger heran, langsam und feierlich und so respektvoll wie Trauergäste, die sich um ein offenes Grab scharen.

»Woher kommst du?«

Inger nannte den Namen einer weit entfernten Stadt.

»Und was ist dein Vater von Beruf?«

Sie überlegte und biss sich auf die Unterlippe, steckte sich einen Finger ins linke Ohr und pulte darin herum, zog die Nase kraus und wippte mit den Zehen – alles gleichzeitig. Endlich sagte sie: »Mein Papa arbeitet für den Geheimdienst.«

Ein helles Rauschen ging durch die Luft. Es war nicht der Sommerwind, sondern es war der Laut, den über zwanzig Kindermünder machen, wenn sie alle gleichzeitig tief Luft holen. Selbst Probst pfiff leise und anerkennend durch die Zähne.

Geheimdienst.

Inger hätte genauso gut sagen können, ihr Vater sei Astronaut und soeben mit einer Rakete zum Mond unterwegs – wir hätten es ihr auf der Stelle geglaubt. Man glaubte Inger alles. Es lag an der Art, wie sie sprach. Was sie sagte, klang nie aufgeregt oder wichtig. Es klang langweilig und todsterbensnormal. Man *musste* ihr einfach glauben.

Und das taten wir.

Ingers Papa war also Geheimagent.

Mein Vater war Lastwagenfahrer. Er arbeitete für einen Spediteur und transportierte Möbel durch ganz Europa. Er hasste es, mit Beifahrern unterwegs zu sein, denn mein Vater war ein schweigsamer Mann. Er sprach so wenig, dass ich manchmal kaum noch wusste, wie seine Stimme klang. In dem Urlaub, in dem er an seinem Wanderstock herumgeschnitzt hatte, hatte er stundenlang kein Wort gesagt. Hatte geschnitzt und geschnitzt und geschnitzt, still wie die uns umgebenden Berge der Alpen.

»Ach«, hatte Mama leise geseufzt und sie hatte die Augen geschlossen, das Kinn angehoben und den Kopf der Sonne zugewendet. Vielleicht hatte sie irgendwann gewusst, wie man Papa zum Reden brachte.

Ich habe Inger nie danach gefragt, wann und warum sie auf die Idee kam, sich ausgerechnet mich als Freund auszusuchen. Vielleicht hatte sie das Gefühl, ich sei *pünktlich* und *zuverlässig*. Für Ingers Leben war es, wie ich rasch lernte, von immenser Bedeutung, dass man *pünktlich* und *zuverlässig* war.

Exakt um 7.45 Uhr betrat sie morgens die Schule. Wenn es

zur Pause läutete, stand sie sofort auf und verließ das Klassenzimmer, ganz gleich, ob Herr Wirtz den Unterricht schon für beendet erklärt hatte oder nicht. Das trieb Herrn Wirtz in den Wahnsinn. Wir alle rechneten damit, dass seine Nase bald vollständig abgerieben war.

Eines Tages kam Inger in der großen Pause auf mich zu. Eben noch hatte auf dem Schulhof lärmendes Durcheinander geherrscht. Jetzt wurde es still, so still, dass man hören konnte, wie die Erde sich um die Sonne drehte. Ich glaube, niemand hat die Welt so oft dazu gebracht, den Atem anzuhalten, wie Inger.

»Ich möchte, dass du mein Freund wirst«, sagte sie.

»Warum?«, fragte ich.

»Weil du ein kleines, verlorenes Wesen bist auf dem Ozean der Zeit.«

Das war die andere Sache mit Inger: Immer sagte sie so komische Dinge. Ich fühlte mich überhaupt nicht *verloren*, kein bisschen. Aber das behielt ich für mich. Ich spürte wohl, wie wichtig es für Inger war, mich *gefunden* zu haben.

»Kannst du zwischen zwei Zähnen durchspucken?«, fragte sie.

Ich schüttelte den Kopf und aus irgendeinem Grund schämte ich mich. Vielleicht, weil alle anderen Schüler uns beobachteten. Vielleicht, weil ich plötzlich glaubte, durch zwei Zähne spucken zu können sei die wichtigste Fähigkeit der Welt.

»Aber ich.«

Sie machte es mir vor. Alle sahen zu. Sie spuckte drei Meter weit, durch ihre breite Zahnlücke hindurch.

»Das war großartig«, sagte ich.

»Es war fulminant«, sagte Inger grinsend.

Die Welt atmete wieder aus.

So wurden wir Freunde.

Andere Mädchen spielten Gummitwist. Andere Jungen spielten Fangen oder Fußball. Inger und ich taten weder das eine noch das andere. Wir hielten uns stets abseits, betrachteten Schmetterlinge, die ihre bunten Flügel im Spätsommerlicht auf- und zuklappten, rissen Weberknechten die staksigen langen Beine aus oder lauschten den Sperlingen, die auf dem Dachfirst der alten Schule lauthals miteinander um die Wette tschilpten. Wir saßen nebeneinander im Schulbus, den die stämmige Frau Hirte steuerte, die wir die Königin der Landstraße nannten, und nachdem wir ausgestiegen waren, legten wir einen Teil des Nachhauseweges zusammen zurück, bis Inger irgendwann abbiegen musste und wir uns verabschiedeten, bis zum nächsten Tag.

Einmal zeigte Inger mir ihre Uhr, eine Armbanduhr mit echtem Lederband. »Ein Geschenk von meinem Papa«, sagte sie. »Ich liebe sie wie meine unsterbliche Seele.«

Ich gewöhnte mich schnell an Inger und an ihre seltsamen Sprüche. Ich gewöhnte mich auch daran, dass wir immerzu von unseren Mitschülern beobachtet wurden: ein Junge und ein Mädchen, *zusammen*, als wäre das die normalste Sache der Welt.

»Weiberheld!«, rief Probst mir einmal über den Schulhof nach. »Verliebt, verlobt, verheiratet!«

Inger schlug ihm dafür einen Milchzahn aus. Während sie und Probst den Direktor aufsuchen mussten, hob ich den Zahn vom Schulhof auf. Es waren kleine braune Flecken darauf, sicher deshalb, weil Probst ständig Zuckersteine lutschte. Zu Hause steckte ich den Zahn in ein leeres Honigglas und schraubte den Deckel zu. Noch heute besitze ich dieses Glas und den fleckigen Zahn. Oft schaue ich ihn mir an und frage mich, was wohl aus Probst geworden ist. Vielleicht wurde er Zuckersteinfabrikdirektor. Vielleicht ist er verliebt, verlobt, verheiratet.

Das Problem mit meinem Vater war, dass er mich nicht wahrnahm. Natürlich wusste er, dass ich auf der Welt war, und er gratulierte mir auch jedes Jahr höflich zum Geburtstag. Er sah sich meine Schulnoten an und unterschrieb meine Zeugnisse und er gab Mama Geld, damit sie mir eine neue Hose oder ein neues Hemd kaufen konnte. Trotzdem hatte ich auf seltsame Weise das Gefühl, dass ich für ihn nicht wirklich existierte.

Ich erzählte Inger von meinen Sorgen. Wir saßen am Fluss, nahe dem großen Wehr. Unsere Füße baumelten ins Wasser, das schon recht kalt war. Der Herbst kündigte sich an, mit dem Geruch von Kartoffelfeuern. In den Spitzen der Bäume verfärbten sich die ersten Blätter.

Inger lauschte mir, nickte ab und zu und bohrte sich dabei ununterbrochen in der Nase. »Und deine Mama?«, sagte sie schließlich.

»Die ist ganz in Ordnung«, sagte ich. »Was ist mit deiner Mutter?«

»Die ist ganz tot«, sagte Inger. Sie zog die Füße aus dem Wasser und umfasste mit beiden Händen ihre Knie.

»Ist sie an ... an Kalligrafie gestorben?«, fragte ich vorsichtig.

Inger schüttelte den Kopf. »An was anderem mit K.«

Eine Weile schwiegen wir. Ich versuchte, mir eine Welt ohne Mama vorzustellen, ohne *meine* Mama. Es funktionierte nicht. Der Gedanke war einfach zu schrecklich.

Ich legte Inger einen Arm um die Schultern. Sie waren schmal und knochig und erinnerten mich an chinesisches Porzellan. Inger schob meinen Arm sofort wieder von ihrer Schulter.

»Ich bin viel herumgekommen in der Welt«, sagte sie.

»Warst du auch schon in Honolulu?«

»Ja.«

»Und in Japan?«

Sie nickte.

»Kalanesien?«

»Pfff ...! Selbstverständlich!«

Kalanesien war ein Land, das ich mir ausgedacht hatte, aber ich nahm Inger ihre kleine Lüge nicht übel. Das Wasser des Flusses schoss in rauschenden Kaskaden das Wehr hinunter, irgendwo stritten ein paar Enten und vielleicht hatte sie sich einfach verhört.

Ich durfte Inger nicht zu Hause besuchen. Nicht weil meine Eltern, sondern weil Inger selbst etwas dagegen hatte.

»Du willst nur meinen Vater sehen«, sagte sie, »aber das geht nicht. Wenn man einen Geheimagenten erst mal gesehen hat, ist er schließlich nicht mehr geheim.«

Natürlich hatte sie Recht. Trotzdem blieb ich neugierig.

Drei Nachmittage lang schlich ich um Ingers Haus herum und zählte die von den Bäumen herabtrudelnden goldenen Herbstblätter, bis ich endlich ihren Vater sah. Er trat aus der Tür, in der Hand eine lederne Aktentasche. Er sah ganz unauffällig aus, er hätte genauso gut Wurstverkäufer oder Zahnarzt sein können. Falls er gerade den Auftrag bekommen hatte, die Welt zu retten, merkte man ihm das jedenfalls nicht an.

Inger war ihm gefolgt. Sie drückte ihm eine bunte Plastikbüchse in die Hand. Und sie gab ihm eine Banane. Und eine kleine Flasche Kakao. Der Geheimagent beugte sich zu ihr herunter und Inger küsste ihn auf die Wange.

»Wann kommst du wieder?«, hörte ich sie fragen.

»Weiß nicht«, sagte der unauffällige Geheimagent. Dann stieg er in sein unauffälliges Auto und fuhr davon.

Inger winkte ihm nicht nach. Sie ging zurück ins Haus, und bevor sie die Tür hinter sich schloss, rückte sie die davorliegende Fußmatte gerade.

Der Winter kam, auf den Gehsteigen türmte sich eklig grauer Schneematsch und unter ihrem Mantel trug Inger noch immer kurze Röcke und kaputte Kniestrümpfe. Vier Monate waren vergangen, seit ich ihr erzählt hatte, dass mein Papa mich womöglich nicht liebte.

»Wie heißt du noch mal mit Nachnamen?«, fragte Inger.

Ich nannte ihn ihr.

»Den kann ich mir nicht merken«, sagte Inger sofort. »Das machen meine Synapsen nicht mit.«

Ich hatte den Eindruck, dass sie die Frage nach meinem Namen nur deshalb gestellt hatte, um dieses seltsame Wort benutzen zu können. Dass sie etwas ganz anderes im Sinn gehabt hatte, bemerkte ich, als sie auf dem Heimweg nicht an der gewohnten Stelle abbog, sondern weiter neben mir hertrabte.

»Wo willst du hin?«, fragte ich.

»Mit zu dir«, sagte Inger.

Sie begrüßte meinen Vater mit *Herr Dingenskirchen*. Es war ihm nicht anzumerken, ob ihm das etwas ausmachte. Er war vor die Haustür getreten, an den Füßen seine karierten Wollschlappen, und Schneeflocken ließen sich darauf nieder wie Elfen, die aus einem Brunnen trinken.

»Ich komme wegen Ihrem Sohn«, sagte Inger. Sie kramte einen zerknitterten Zeitungsausschnitt aus ihrer Manteltasche. Den hielt sie meinem Vater entgegen.

»Chm«, knurrte mein Vater, was so viel heißen mochte wie: Was ist das?

Bei dem Zeitungsausschnitt handelte es sich um ein Foto. Es war die verwaschene Schwarz-Weiß-Aufnahme eines Mannes. Eigentlich zeigte das Bild *drei* Männer. Zwei davon waren uniformierte Polizisten. Sie standen links und rechts des dritten Mannes, der aussah, als würde er Kindern wie Probst Zuckersteine verkaufen.

»Chm?«, machte Papa.

»Das ist ein Massenmörder«, sagte Inger. »Nun lesen Sie mal den Text untendrunter.«

Karl M. (30), stand im Text unter dem Foto. *Als Kind ungeliebt.*

Papa sah von dem Foto zu Inger, von Inger zu mir und von mir zurück auf den Zeitungsausschnitt. Er faltete das Papier sehr sorgfältig zusammen, steckte es in seine Jackentasche und ging wortlos zurück ins Haus, und der Schnee fiel so unhörbar leise auf die Welt, dass ich davon ganz müde wurde.

Ich sah im Lexikon unter *Synapse* nach. Dort stand: *Verbindung zwischen Zellen zur Reizübertragung.*

Vermutlich war Inger eine Synapse. Sie übertrug ständig irgendwelche Reize.

Inger starb nicht an Kalligrafie. Soweit ich weiß, lebt sie heute noch. Jedenfalls lebte sie noch, als ich sie das letzte Mal sah – und das war genau an dem Tag, an dem sie *beinahe* starb.

Es war der graueste aller Tage. Unter dunklem Himmel standen Inger und ich und eine ganze Reihe anderer Kinder an der Haltestelle und warteten auf den Schulbus. Inger war aufgeregt und ich wusste nicht, warum. Sie trippelte auf der Stelle herum, ging in die Hocke und stand wieder auf, kratzte sich am Kopf und blinkerte mit den Augen.

»Was hast du?«, fragte ich.

»Heimweh«, sagte Inger.

Am Ende der Straße schob sich der Schulbus aus dem Grau.

Als er sich uns näherte, erkannte ich hinter dem gewaltigen Steuer Frau Hirte, die Königin der Landstraße. Inger drehte ihr Handgelenk und sah auf die Uhr mit dem echten Lederband. Sie runzelte verärgert die Stirn.

Im nächsten Moment trat sie mit ausgebreiteten Armen auf die Straße.

Es gab einen kleinen Dotz. Wo eben noch Inger gestanden hatte, ragte jetzt riesig hoch der Bus in den Himmel, unter dessen Kühler sie verschwunden war.

Wir alle standen vor Entsetzen wie erstarrt. Ich fühlte einen dieser dicken Klumpen im Hals, die einen am Schreien hindern und von denen Inger einmal behauptet hatte, sie würden sich nur durch lautes Lachen oder mit frisch aus der Handfläche geleckten Brausepulver vertreiben lassen.

Niemals wird eine Mondmotte so weiß sein können, wie es an jenem Tag das Gesicht von Frau Hirte war. Sie stieg aus dem Bus und es war ganz seltsam: Ihre Angst erhellte das Grau. »Kind!«, schrie sie immer wieder: »Kind, Kind!«, und die ganze Welt, die Häuser und die Bäume, selbst die Straße und die Laternenpfosten, schienen mit ihr zu schreien, *Kind, Kind!*

Niemand bewegte sich. Nur Frau Hirtes Arme ruderten kleine Löcher in die Luft.

Ein unterdrücktes Fluchen erklang und Inger kroch unter dem Bus hervor, völlig unversehrt. Sie stand auf und zog ihre Kniestrümpfe hoch. Dann stellte sie sich vor Frau Hirte und schrie: »Haben Sie denn keine Uhr, um Himmels willen? Sie sind drei Minuten zu früh!«

Am folgenden Tag kam Inger nicht zur Schule. Niemand wunderte sich darüber. Jeder nahm an, sie habe durch den Unfall mit dem Bus einen Schock erlitten und läge zu Hause im Bett. Nach dem Unterricht ging ich sie besuchen. Es war mir gleichgültig, ob ihr Vater geheim war oder nicht.

Inger war fort. Das Haus war verlassen.

Ich drückte meine Nase an jedem einzelnen Fenster platt und überall bot sich mir derselbe Anblick: schweigende, leere Räume. Sie sahen aus, als hätte nie jemand darin gelebt. An den Wänden prangten nicht einmal helle Flecken, wie sie sich sonst abzeichnen, nachdem ein Möbelstück von ihnen abgerückt wurde.

Nebenan beschnitt ein Nachbar seine Hecke. Er trug eine Wollmütze, dabei war es gar nicht mehr so kalt. Vielleicht hatte er empfindliche Ohren.

»Sind heute Morgen umgezogen«, sagte der Nachbar. »Hast du das nicht gewusst? Der Mann arbeitet doch für die Regierung oder so was. Geheim. Solche Leute sind ständig unterwegs.«

»Und Inger?«, sagte ich hilflos. Als ob ich mit dieser Frage etwas ändern würde.

»Armes kleines Ding«, sagte der Nachbar. »Wird nie ein richtiges Zuhause haben, was?«

Er schob sich die Mütze in den Nacken, sah mich noch einmal von oben bis unten an, nickte kurz und begab sich zurück an die Arbeit. Die Klingen seiner Schere klapperten. In seine Wollmütze war ein feines Muster gestickt: winzige Rentiere, die einen Schlitten zogen.

Ich schlug im Lexikon unter *Kalligrafie* nach. Dort stand: *Schönschreibkunst*. Zumindest also würde Inger nicht in naher Zukunft sterben. Wer stirbt schon an seiner Handschrift?

Wirklicher Trost war mir das jedoch nicht. Ich vermisste Inger. Ich vermisste sie unendlich. Der Frühling zog ins Land, die Wiesen ertranken unter Fluten von wildem gelbem Löwenzahn, die Bäume leuchteten in frischem Grün, der Fluss strudelte und schäumte. Alles war perfekt, nur Inger war nicht mehr da. Inger war gegangen, Gott weiß, wohin, und ich war ein kleines, verlorenes Wesen auf dem Ozean der Zeit.

In den Sommerferien begleitete ich Papa im Möbelwagen bis nach Neapel. Ich saß im Führerhaus des Lastwagens. Die Autobahn war ein endloses Band. Ich durfte die Karte lesen, und wenn wir in eine Raststätte einkehrten, durfte ich mir aussuchen, was ich essen wollte. Im Führerhaus des Lastwagens gab es zwei Schlafkojen, Papa schlief unten, ich oben.

Dann, eines Morgens, standen wir auf einem Hügel. Unter uns erstreckte sich, blau wie eine Taubenfeder, im ersten Sonnenlicht das Mittelmeer. Papa stellte sich neben mich. Er legte mir eine Hand auf den Kopf, ganz leicht, und erzählte mir, warum das Wasser des Meeres schimmert wie ein Saphir, warum Olivenhaine so würzig duften und wie er einmal, kurz nachdem er sich in Mama verliebt hatte, drei Nächte lang nicht schlafen konnte, weil sein Herz ganz wund gewesen war und so schrecklich schnell und laut geschlagen hatte.

Aus dem Äther

Die Großmutter des Jungen besaß ein Radio. Nichts an dem altmodischen, in dunkles Holz gefassten Kasten wäre besonders gewesen, hätte Großmutter nicht behauptet, durch diesen Apparat mit ihrem schon vor langer Zeit verstorbenen Mann sprechen zu können.

Eigentlich reden wir nicht besonders viel, erklärte sie dem Jungen. Meistens schickt Großvater mir nur so ein ... so ein warmes Gefühl. Durch den Äther. Weißt du, was der Äther ist, Liebchen?

Das Liebchen war ein Schlüsselkind. Schlüsselkinder kommen aus der Schule nach Hause und es ist niemand da, der sie erwartet, deshalb müssen sie sich selber in die Wohnung einlassen. Sie öffnen die Tür mit einem Schlüssel, den sie an einem langen hellblauen Band um den Hals tragen. Sie gehen in die Küche, klettern auf einen kleinen Schemel vor dem Herd und wärmen abends zuvor gekochtes Essen auf. Anschließend machen sie allein ihre Schulaufgaben und dann müssen sie zusehen, wie sie sich selber die Zeit vertreiben.

An seinen einsamsten Tagen schlenderte der Junge manchmal von Zimmer zu Zimmer. Er summte dabei leise vor sich hin. Dunkle Teppiche dämpften seine Schritte. Seine Fingerspitzen folgten dem Verlauf komplizierter Muster auf düsteren Tapeten und sie betasteten den schweren brokatenen Stoff der Gardinen. Seine Hände fuhren über staubfreie Borde und Simse und Ablagen und durchsuchten neugierig Großmutters Schubladen und Schränke, fanden darin aber nur langweiliges Zeugs und nach Mottenkugeln riechende Kleider.

Beim Durchstöbern der Bücherregale stieß der Junge nie auf die von ihm erhofften alten Fotoalben, dafür aber auf ein dickes Lexikon, das zum Stichwort *Äther* mehrere Erklärungen anbot. *Feinster Urstoff, aus dem alles entsteht und der in allem wirkt,* stand da und *hell strahlende Himmelsluft.* Mit einer weiteren Bedeutung hatte man früher Leute betäubt, bevor sie im Krankenhaus operiert wurden. Ging eine solche Operation schief, kamen die Leute sozusagen vom Genuss des einen Äthers in den Genuss des anderen, überlegte der Junge, denn wenn sie tot waren, atmeten sie Himmelsluft. Das hatte er bisher nicht gewusst und es freute ihn für seine tote Mutter. *Hell strahlende Himmelsluft* klang wunderbar leicht, fast schwerelos.

Dass verstorbene Leute warme Gefühle durch ein Radio schicken konnten, wurde vom Lexikon zwar nicht ausdrücklich erwähnt, aber da im Äther alles entstand und alles wirkte, hatte es damit wohl irgendwie seine Richtigkeit.

Kurz erwog der Junge, mit seinem neu erworbenen Wissen das Radio selber zu nutzen, um mit seiner Mutter in Kontakt zu treten. Doch die würde, weil sie bei seiner Geburt gestorben war, ihm womöglich Vorwürfe machen, und da bereits sein Vater damit nicht geizte, ließ der Junge diese Idee schnell wieder fallen. Er klappte das Lexikon zu und stellte es ins Regal zurück. Er verließ das Zimmer, durch dessen Fenster die Strahlen der Nachmittagssonne breite Lichtstreifen auf die dunklen Teppiche warfen. Unterwegs begann er wieder zu summen.

Die Mutter des Jungen war tot. Und der Vater?

Es ist schrecklich, so etwas sagen zu müssen, doch der Vater des Jungen war kein guter Mann. Natürlich hätte er, wäre ihm diese Behauptung zu Ohren gekommen, lauthals protestiert und Stein und Bein das Gegenteil geschworen. Doch es blieb eine Tatsache, dass dieser Mann in seinem ganzen Leben noch keinen anderen Menschen, auch nicht seine verstorbene Frau, wirklich und aufrichtig geliebt hatte. Nein, der Vater des Jungen liebte ausschließlich Dinge. Um Dinge kaufen zu können, benötigte er Geld, und um Geld zu verdienen, ging er arbeiten. Er verließ sein kaltes Haus am Stadtrand im Morgengrauen und er kehrte nie vor Mitternacht zurück. Da blieb keine Zeit für ein Kind.

Könnte man sagen, dass der Junge seinem Vater gleichgültig war? Nun, es war noch viel schlimmer. Der Vater verachtete seinen Sohn aus allertiefstem Herzen. Er war zu klein für sein Alter und zu unansehnlich. Außerdem hatte dessen Geburt ihn die Frau gekostet, die ihm das Leben um so vieles bequemer gemacht hätte. Zuletzt hatte er seinen Sohn auch noch der eigenen Mutter anvertrauen müssen, für die er herzlich wenig Zuneigung empfand, aber was sollte man machen, es war die billigste Lösung.

Da war er also, ein kalter Mann, der seinen hässlichen kleinen Sohn nie beim Namen rief, sondern immer nur mit *du da* ansprach. Weshalb der Junge irgendwann seinen wirklichen Namen vergaß und, wenn er danach gefragt wurde, mit Duda antwortete.

Dudas Großmutter war eine eigenwillige Frau. Sie besaß weder Freundinnen noch Freunde. Nicht mal der Postbote konnte sie leiden, und der Gemüsehändler um die Ecke zog ängstlich die Schultern hoch, wenn sie seinen Laden betrat.

Der Postbote war ein bequemer Kerl. Niemals kam er bis in den dritten Stock hinauf, um dort Großmutters bei verschiedenen Versandhäusern bestellte Päckchen abzuliefern. Er klingelte auch nicht bei ihr, obwohl Großmutter die meiste Zeit zu Hause war. Stattdessen stellte er die Päckchen im Hauseingang ab, wo sie mehr als einmal entwendet wurden.

Sie fauler Hund!, rief Großmutter eines Tages das Treppenhaus hinunter. *Wenn Sie Ihre zu kurzen Beine nicht die drei Treppen raufbewegen wollen, suchen Sie sich gefälligst eine andere Arbeit!*

Weil der Postbote auf diese Aufforderung nicht reagierte,

lauerte sie ihm eines Tages am zur Straße gelegenen Fenster auf und kippte ihm, sobald er das Haus betreten wollte, einen Eimer eiskalten Wassers über den Kopf. Es täte ihr leid, behauptete sie später, sie habe bloß die Blumen auf der Fensterbank gießen wollen. Keiner wagte, sie darauf hinzuweisen, dass auf ihren glatten Fensterbänken nicht mal ein winziges Moospflänzchen wurzelte. Und keiner fragte sie, warum sie auch noch den leeren Eimer hinterhergeworfen hatte.

Der Gemüsehändler hatte Großmutter vor Jahren einen schlechten Blumenkohl verkauft und sich, auf Großmutters Beschwerde hin, geweigert, ihr dafür einen neuen zu überlassen. Seitdem besuchte Großmutter den Laden fast täglich. *Herr Franz,* rief sie so laut, dass alle anderen Kunden sie hören konnten, *ich weiß, Ihr Blumenkohl ist madig und der Salat ist welk, aber sicher haben Sie auch etwas Genießbares in Ihrem kleinen Angebot?*

Duda, den die Großmutter zu solchen Gelegenheiten hinter sich herschleifte, als wäre er der Beweis dafür, dass schlechtes Gemüse Kinder kleinwüchsig und hässlich macht, war das peinlich. Eigentlich taten der Postbote und der Gemüsehändler ihm sogar leid.

Großmutters tägliche und ausgiebige Spaziergänge endeten regelmäßig auf dem großen Bezirksfriedhof. Duda, der sie anfangs auf seinen eigenen Wunsch hin begleitete, musste schon beim ersten Besuch des Friedhofs feststellen, dass sein Großvater gar nicht dort begraben lag. Großvater war *irgendwo* begraben. Genauer gesagt, erklärte ihm die Großmutter, war er irgendwo untergegangen, mit einem Schiff, und dabei ertrunken. Seitdem ruhte er auf dem Grund des Indischen Ozeans, ziemlich weit rechts von einer Insel namens Madagaskar. Wie Großvater dorthin gelangt war, ja, was er dort überhaupt zu suchen gehabt hatte, war eine der vielen Fragen, die Duda niemals stellte. Er verdiente keine Antwort.

Auf dem weitläufigen Friedhof schlug Großmutter denselben Weg nie zweimal ein. Mal ging sie über weite Strecken zwischen den Gräberreihen forsch geradeaus, als wollte sie das Ende der Welt erreichen. Dann wieder folgte sie einem anscheinend wahllosen, verhaltenen Zickzackkurs. Es kam Duda so vor, als ließe sie sich von den verschiedensten Dingen leiten: dem betäubenden Duft eines Straußes weißer Lilien, den Farben der Blumengebinde auf den Gräbern frisch Verstorbener, dem Licht einer besonders schönen, in einem durchsichtig roten Plastikgefäß beschützten Kerze. Manchmal blieb Großmutter unvermittelt stehen und legte ihm eine Hand auf den Kopf. Mit der anderen deutete sie auf diesen Grabstein oder jenen und sagte, *schrecklich, wie jung dieser Mann gestorben ist,* oder sie sagte, *schrecklich, wie alt diese Frau geworden ist.* Zum Sterben, stellte Duda mit Unbehagen fest, war wohl kein Zeitpunkt der richtige.

Nach sechs Besuchen begann der Friedhof ihn zu langweilen, und als Großmutter ihn zu einem siebten Besuch mitnehmen wollte, lehnte er dankend ab. Sie stand im Flur vor der Garderobe, ihren Mantel hatte sie schon angezogen. Sie nickte und lächelte Duda nachsichtig an. Ihr Mund öffnete sich, wie um etwas zu sagen, dann schloss er sich wieder, mit allen ungesagten Wörtern darin. Sie legte sich ihren Schal um den Hals und verließ das Haus.

Großmutter schien den alten Rundfunkapparat nur für kurze Unterhaltungen und längere Gefühlsaustausche mit ihrem verstorbenen Mann zu benutzen, denn das Radio spielte nie, wenn Duda sich gemeinsam mit ihr in der Wohnung aufhielt. Das war ihm nur recht, denn der Gedanke, den Stimmen der Toten lauschen zu können, Geisterstimmen also, erfüllte ihn mit Furcht. Gleichzeitig erweckte diese Vorstellung in ihm aber auch eine unstillbare, immer größer und heftiger werdende Neugier. Als schließlich eines einsamen Nachmittags die Waagschalen der beiden widerstreitenden Gefühle sich ganz zu Gunsten der Neugier geneigt hatten, betrat er das Wohnzimmer und stellte das Radio mit einem entschlossenen Knopfdruck an. Zur Not würde er einfach den Stecker ziehen, bevor eine Stimme aus dem Jenseits ihm gruselige tote Sachen zu erzählen begann.

Begeistert stellte er fest, dass in die Frontseite des Apparats ein Fensterchen eingelassen war, hinter dem beim Aufwärmen der alten Röhren ein phosphorgrüner Leuchtfaden zu glühen begann. Duda war zwar nicht dumm, er wusste, dass hell strahlende Himmelsluft durchsichtig war. Doch dieses Grün, beschloss er, musste die eigentliche, geheime Farbe des Äthers sein.

Als Nächstes begeisterte ihn die verstellbare Skala der Radiofrequenzen. Dutzende von Städtenamen waren darauf zu lesen, Kapstadt, Minsk, New York, Singapur ... die ganze verlockend große, weite Welt. Sogar seine Heimatstadt war dabei, und genau auf die war der Stellregler ausgerichtet. Vorsichtig, mit klopfendem Herzen, drehte er die Lautstärke ein wenig höher. Vielleicht würde er seinen Großvater hören, vielleicht seine Mutter. Doch an Stelle der erwarteten Stimmen begrüßte ihn nur ein leises Knacken, Knistern und Pfeifen. Offensichtlich versteckten die Geisterstimmen sich irgendwo in oder hinter diesem undurchdringlichen Rauschen. Für ihn selbst jedenfalls blieben sie, sosehr er die Ohren auch anstrengte, unhörbar. Aus dem Äther drang nicht die Spur eines Flüsterns, und je länger Duda wartete, umso mehr begannen neue Waagschalen in seinem Kopf sich zu neigen: Seine Enttäuschung über die ausbleibenden Geisterstimmen überwog ganz entschieden seine heimliche Erleichterung.

Er stellte das Radio wieder aus.

Und dann, Duda war acht Jahre alt, hörte er die Stimme des toten Großvaters doch noch. Er kam früher als üblich aus der Schule zurück an jenem Tag, nach einer von vielen verlorenen Schlägereien. Aus Gründen, die er nicht verstand, wurde Duda von allen Mitschülern gehasst und gedemütigt, obwohl er sich alle Mühe gab, jedem gegenüber höflich und zuvorkommend zu sein. Aber sosehr er sich auch bemühte, er war und blieb das blasse Kerlchen von der Hinterbank, der Eselskopf und ewige Eckensteher, ein menschlicher Fußball, beim Sport zu ungeschickt, den wirklichen Ball zu treffen. Er wurde bei vielen Namen genannt in der Schule, nur bei seinem richtigen nicht, was nicht weiter schlimm war, denn den hatte er inzwischen längst vergessen. Wenn er sich auf eine Frage des Lehrers meldete und drangenommen wurde – was selten genug der Fall war –, sagte der Lehrer: Duda.

Leise und beschämt, das Blut unter der Nase kaum verkrustet, zog Duda das hellblaue Band aus dem Hemd und ließ sich mit seinem Schlüssel in die Wohnung ein. Noch ehe er die Tür hinter sich schließen konnte, fesselte eine aus dem Wohnzimmer dringende, tiefe Männerstimme seine Aufmerksamkeit. Er schlich zu der geschlossenen Tür. Das die Stimme begleitende Knacksen und Rauschen verriet ihre Herkunft: Zweifellos stammte sie direkt aus dem Äther. *Peloponnes eins, Belladonna sieben,* zählte ein Mann leidenschaftslos auf. *Schwarzer Blitz zwölf.*

Schwarzer Blitz ...

Während Duda sich noch fragte, ob sein Großvater wohl ahnte, dass er in diesem Moment mehr als nur einen Zuhörer besaß, und während er noch abwägte, ob er dessen brunnentiefe Stimme mochte oder nicht, hörte er ein leises Klicken: Der Apparat war ausgestellt worden. Ein gedämpfter Fluch der Großmutter ertönte, gefolgt von einem trockenen Rascheln, als würden Papiere geordnet. Schnell, auf Zehenspitzen, hastete Duda zurück zur offen stehenden Wohnungstür. Er ließ sie laut und vernehmlich ins Schloss fallen, damit die Großmutter glaubte, er habe soeben erst den Flur betreten.

Abends bekam er, wie nach jeder demütigenden Schlägerei, zum Trost ein Märchen vorgelesen. Jeder der Geschichten, die mit *und sie lebten glücklich bis an ihr Lebensende* endeten, fügte die Großmutter regelmäßig hinzu: *Aber am Schluss, ganz am Schluss, waren sie dann doch alle mausetot!* Dieses angefügte Ende gefiel Duda überhaupt nicht, und er bezweifelte, dass es den Brüdern Grimm oder dem netten Herrn Andersen aus Dänemark, von dem seine liebsten Märchen stammten, gefallen hätte. Doch wenn er dagegen Protest erhob, rollte Großmutter ihn kurzerhand quer über das Bett, riss ihm das Pyjamaoberteil hoch und pustete ihm so lange Kullerküsse auf den Bauch, bis er vor Lachen quietschte. Dann zerzauste sie ihm zärtlich die Haare und verkündete, er sei ihr wertvoller als ein ganzer Sack voller funkelnder Diamanten.

An diesem Abend, nachdem sie das Zimmer verlassen und das Licht gelöscht hatte, lag Duda lange wach und wünschte sich, die Großmutter würde ihn wenigstens ein Mal in die Schule begleiten. Diamanten waren wertvoll, da durfte man doch wohl erwarten, dass ein solcher Schatz verteidigt würde. Doch Großmutter kam gar nicht auf die Idee, ihm seinen Wunsch zu erfüllen.

Deine Probleme musst du selber lösen, Junge, sagte sie, als er am nächsten Morgen allen Mut zusammennahm und sie darum bat. *Du musst lernen, dich um dich selber zu kümmern, denn wenn du es nicht tust, tut es keiner.* Und ihr Blick schien hinzuzufügen: *Bis du es gelernt hast, werde ich mich weiterhin ein bisschen um dich kümmern, denn du bist klein und hässlich und du hast keinen Namen. Aber erwarte nicht zu viel von mir. Erwarte nicht alles.*

Großmutter nannte ihr Liebchen ebenso wenig beim Namen, wie sein Vater oder sonst wer dies taten. Sie konnte launisch und reizbar sein, ungerecht und selbstsüchtig – und Duda war ihr wertvoller als ein ganzer Sack voller funkelnder Diamanten. Sie war alles, was Duda hatte – bis sie eines Abends, er war zehn Jahre alt, plötzlich und unerwartet die Kellertreppe hinunterstürzte. Ob Großmutter glücklich bis an dieses holprige Ende gelebt hatte, konnte Duda nicht beurteilen. Jetzt, ganz am Schluss, war sie jedenfalls mausetot.

Duda fand sie am Fuß der Treppe. Großmutter lag dort in ihrem weißen Morgenmantel. Arme und Beine von sich gestreckt, sah sie aus wie eine Seerose in einem dunklen Teich. Sie war so tot, toter ging's nicht. Das stellte Duda fest, als er ein Ohr an ihre Brust presste und ihrem Herzschlag zu lauschen versuchte. Als er ihr Handgelenk ergriff und vergeblich nach dem Puls fühlte. Als er einen Finger auf ihre bläulichen Lippen legte, ohne dass diese sich zum Atmen teilten oder Luft aus der Nase entwich.

Duda blieb noch ein Weilchen am Fuß der Treppe sitzen. Er streichelte Großmutters erkaltete Hände und ihre grannigen grauen Haare und überlegte dabei, was jetzt aus ihm werden sollte. Die Aussichten waren schlecht. Er würde bei seinem Vater wohnen müssen, wenn er nicht sofort seinen Rucksack packte und in die Welt hinauszog. Aber viele Kinder gingen draußen in der Welt verloren, besonders die kleinen und hässlichen, die keiner mochte. Das wusste er. Die Welt schien solche Kinder einfach zu verschlucken. Tief unter der Erde wurden sie dann von Regenwürmern und anderem Getier aufgefressen, und zuletzt zerfielen ihre kleinen Gerippe zu Moder und Staub, bis Bäume daraus wuchsen oder besonders schöne Pflanzen. Im Frühling und Sommer eines jeden Jahres blühten sie auf, aber die Pflanzen verwelkten im Herbst und die Bäume schüttelten ihre rotgoldenen Blätter ab. Sie tanzten im Wind um die Gesichter lachender und schreiender Kinder, diese Blätter, denn sie wollten mit ihnen spielen. Aber irgendwann trudelten sie zu Boden, und schließlich kam der Winter und bedeckte sie unter frischem Schnee wie unter einem großen Leichentuch.

Duda zupfte den weißen Morgenmantel der Großmutter zurecht. Er betrachtete das friedliche Gesicht. Auf merkwürdige Weise fühlte er sich von der Großmutter betrogen. Schlimmer noch, durch ihren Tod fühlte es sich so an, als sei auch er selbst so gut wie gestorben. Er war untröstlich, aber er wusste auch, dass er sich jetzt ganz und gar um sich selber kümmern musste.

Wenn er es nicht tat, tat es keiner für ihn.

Also gab er seiner Großmutter einen letzten Kuss auf die faltige Wange, stieg die Kellertreppe hinauf und rief den Notruf an. Er fragte mit klarer Stimme, ob in irgendeinem Waisenhaus ein Platz für ihn frei sei.

Es war der einzige Notruf seines Lebens, aber er wurde nicht erhört.

Wütend darüber, dass es weiter nichts zu erben gab, betitelte Dudas Vater die Möbel der Großmutter allesamt als Plunder und ließ sie von einem Entrümpelungsunternehmen abholen.

Was auch immer er erwartet haben mochte – Barvermögen, kostbaren Schmuck, prall gefüllte Sparbücher –, hatte nur in seinem Wunschdenken existiert. Duda überlegte kurz, ob er seinen Vater, um ihn versöhnlich zu stimmen, darauf hinweisen sollte, dass er, Duda, von Großmutter als Sack voll Diamanten bezeichnet worden war. Sicherheitshalber entschied er sich dagegen. Er wollte nicht verkauft werden.

Noch wütender wurde der Vater, als er den Grund für die ausgebliebene Erbschaft entdeckte. Er war durch Großmutters Wohnzimmer gefegt wie ein alles vernichtender Wirbelwind, hatte Bücher aus den Regalen gewischt und Vasen von den Borden. Dann hatte er die Schubladen des Schreibtisches aufgerissen, darin herumgewühlt und mit beiden Händen deren Inhalt durch das Zimmer geworfen. Jetzt regnete es Zettel, jede Menge kleiner bunter Zettel. *Die Alte hat ihre ganze Rente verzockt! Beim Pferderennen! Und guck dir die Zettel an – sie hat jahrelang immer auf denselben verdammten Gaul gesetzt, immer auf den letzten Außenseiter!*

Duda musste bei seinem Vater einziehen, was schrecklich war, denn in den Häusern kaltherziger Menschen wird es niemals wirklich warm. Deshalb legte Duda, sobald er aus der Schule nach Hause kam, sich immer eine Decke über die Schultern, sogar im Sommer. Er bekam einen neuen, kalten Schlüssel und ein neues Schlüsselband, das rosafarben war und seinen Mitschülern Anlass zu unzähligen spöttischen Bemerkungen gab. Nach einer Weile trug er den Schlüssel nicht mehr um den Hals, sondern versteckte ihn in seinen Hosentaschen.

Im Haus des ewig abwesenden Vaters gab es unendlich viele Dinge zu entdecken. Leider erschienen sie Duda völlig nutzlos. Sie füllten Ecken und Nischen und Winkel. Sie stapelten sich in Regalen, quollen aus Schubladen und brachten Schränke zum Bersten. Die Dinge waren ausnahmslos schwarz und weiß, und wenn man genauer hinsah, waren die meisten von einer Schicht hauchdünnen Eises bedeckt. Das Eis schmolz, wenn man mit den Fingerspitzen darüberfuhr, hier und dort blitzte dann kurz ein wenig Farbe auf. Doch genauso schnell schloss das Eis sich wieder, und nichts blieb zurück als Leblosigkeit und Starre. Jeden Tag fand und betrachtete Duda neue Dinge, aber niemals summte er dabei, und manchmal waren seine Fingerspitzen kalt und drohten zu erfrieren bei dem vergeblichen Versuch, ein wenig Farbe in das große Haus zu locken.

Seine einzige wirkliche Freude war das Radio. Es war ihm auf seine schüchtern vorgetragene Bitte hin vom Vater, der dem alten Apparat genauso wenig Wert beigemessen hatte wie dem Rest von Großmutters Hinterlassenschaft, ausgehändigt worden. Duda stellte das Radio neben sein Bett auf den Nachttisch. Monatelang suchte er unter dem Abklappern aller verfügbaren Frequenzen den Äther ab, aber Großmutters Stimme erklang nie. Zum Trost lauschte er schließlich den Übertragungen der Pferderennen.

Oh, und er gab sich einen neuen Namen. Er war dunkel und schnell, dieser Name, und mochte er auch ein wenig albern klingen, der Name der ewigen Nummer zwölf: Duda fühlte sich wohl damit. Er wusste jetzt, jemand hatte an ihn geglaubt.

Ich muss zugeben, ich behielt diesen Namen nicht lange. Doch solange ich ihn benutzte, war er mir hilfreich. Er half mir, eines Tages meine Tasche zu packen, das rosafarbene Schlüsselband an den Nagel zu hängen und das Eishaus der schwarz-weißen Dinge meines Vaters zu verlassen. Er half mir, als ich mich durch mein neues Leben schlug. Mein Name war ein Türöffner. Wenn jemand danach fragte und ich ihn sagte, brachte er die Menschen zum Lachen, und es war ein gutes Lachen. Mein Name verschaffte mir Brot, ein Bett, eine Karte für den Bus oder die Passage auf einem Schiff.

So zog ich in die Welt.

Irgendwo unterwegs erfuhr ich, dass mein Vater gestorben war, doch ich wollte nicht um ihn trauern. Ich überlegte, ob dieser Mann wohl von fremden Händen auf dem Bezirksfriedhof beerdigt worden war und welche Farben die Pflanzen haben mochten, die auf seinem Grab wuchsen ... falls auf den Gräbern kalter Menschen überhaupt etwas wächst.

Dann und wann, wenn ich ein Radio sehe, bilde ich mir ein, dass Großmutters Stimme daraus ertönt: *Duda, hörst du mich? Du kannst dich anstrengen, wie du willst - aber am Schluss, ganz am Schluss, wirst du ebenfalls mausetot sein.*

Und ich flüstere zurück in die hell strahlende Himmelsluft: *Das mag sein. Aber für mich fängt nun erst alles an.*

Helle Nacht

Der erste Schnee fiel in diesem Jahr Anfang Dezember, an einem Samstag. Benny saß an seinem Schreibtisch und brütete über dem Mathebuch. Er zuckte zusammen, als aus der Küche lautes Geschrei ertönte, das dröhnende Poltern seines Vaters, darauf die dünnen, fast gläsernen Erwiderungen seiner Mutter. Wenig später folgte das Schmettern und Klirren von Geschirr. Bald wechselten die Stimmen sich nicht mehr ab, sondern sie gingen ineinander über, sie verschwammen. Wie eine Feuerwehrsirene, dachte Benny. Wie die Zahlen im Mathebuch vor seinen Augen.

Fang jetzt bloß nicht an zu heulen.

Er schlug das Buch zu, stand auf und trat ans Fenster. Draußen herrschte fahles graues Licht. Winzige Flocken rieselten vom Himmel, fein wie Sägemehl. Man könne die Uhr danach stellen, hatte Mama einmal gesagt, man müsse nur warten, bis der erste Schnee fiel. Wenn der erste Schnee fiel, rastete Papa aus.

Ein Teil des Fensters war beschlagen. Mit dem Zeigefinger malte Benny kleine liegende Achten auf das Glas. Er versuchte, den Lärm aus der Küche auszublenden, und überlegte, wie das Weihnachtsfest aussehen würde. Letztes Jahr waren sie bei Mamas Schwester gestrandet. Tante Marianne war alleinstehend und so geizig, dass sie selbst bei sibirischen Minustemperaturen die Heizung in ihrer Wohnung nicht aufdrehte. Der mickrige Tannenbaum in ihrem düsteren Wohnzimmer hatte ausgesehen wie mit echtem Frost bedeckt, die bunten elektrischen Lämpchen hatten kein einziges Mal gebrannt. Meine Güte, sie hatten Strickjacken tragen müssen! Lena hatte sich die Blase erkältet und war alle zehn Minuten aufs Klo gerannt. Noch ein Fest bei Tante Marianne würde keiner von ihnen durchstehen. Man sollte nach Mallorca oder Gran Canaria abhauen und die Weihnachtstage in der Sonne verbringen. Aber dazu fehlte das Geld.

Im Wohnzimmer wurde der Fernseher eingeschaltet, irgendwelche Gäste einer Talkshow keiften miteinander um die Wette. Benny ging in die Küche. Mama hatte die Scherben bereits aufgefegt. Sie saß am Tisch, stützte mit einer Hand ihr Kreuz, die andere lag auf dem gewölbten Bauch. Ihr Gesicht war blass, nur die Wangen leuchteten unwirklich rot.

»Mach dir mal keine Sorgen.« Sie grinste, als hätte sie seine Gedanken gelesen. »Dieses Jahr bleibt die Verwandtschaft von uns verschont. Für den Fall der Fälle habe ich mir was anderes ausgedacht. Aber es ist ja noch gar nicht gesagt, dass wir abhauen.«

Nein, gesagt war es noch nicht.

Mama sah durch ihn hindurch und knabberte an einem Fingernagel. Benny starrte sie an. Die Flucht war so unvermeidlich und so vorhersehbar wie seine schlechten Mathenoten. Er hätte gern gesagt: *Warum überhaupt? Warum müssen wir immer abhauen?* Oder gleich die Millionenfrage gestellt: *Warum lässt du dich nicht endlich von Papa scheiden?* Was er unterließ, weil er sich vor der Antwort fürchtete: *Mensch, Benny, großartige Idee! Da hätte ich auch von selbst draufkommen können – warum eigentlich lass ich mich nicht scheiden? Vielleicht weil dein Vater damit droht, uns dann ein bisschen das Haus über dem Kopf anzustecken? Mir wieder die Nase zu brechen, wie vor zwei Jahren?*

»Frauenhaus«, sagte Mama undeutlich, den Finger immer noch im Mund, den Blick immer noch auf irgendeinen unsichtbaren Punkt an einem genauso unsichtbaren Horizont gerichtet. »Ich meine, stell dir vor – nur für den Fall der Fälle, meine ich –, also stell dir vor, das Baby kommt bei Tante Marianne im Schlafzimmer zur Welt. Es kriegt den Schock seines Lebens, wenn es die hässlichen alten Blümchentapeten sieht.«

»Und es erkältet sich die Blase«, sagte Benny mit einem schwachen Grinsen. »Was ist ein Frauenhaus?«

»Da dürfen nur Frauen rein, die mit ihren Kerlen genauso ins Klo gegriffen haben wie ich. Oder die noch schlimmer dran sind. Männer haben dort jedenfalls keinen Zutritt.«

»Und Jungen?«

»Keine Angst, dich lassen sie rein, du bist ja erst elf.« Sie nahm endlich den Finger aus dem Mund und sah ihn an.

»Du benimmst dich dort anständig, hörst du?«

»Kommt Lena mit?«

»Das muss sie selber entscheiden, sie ist alt genug.« Lena war vier Jahre älter als er. »Vielleicht will sie ja lieber hier bleiben, um eurem Vater das Bier anzuschleppen.«

Kaum drei Wochen später war es so weit. Die Mathearbeit war vergeigt, die Winterferien hatten begonnen. Draußen türmte der Schnee sich meterhoch auf den Gehsteigen, die Räumfahrzeuge kamen mit der Beseitigung kaum noch nach. Die Menschen freuten sich auf weiße Weihnachten. Papa lag mehr oder weniger dauerbetrunken im Wohnzimmer. Das Geschirr wurde langsam knapp. Heiligabend wuchtete Mama die Reisetasche und einen kleinen Koffer ins Auto und Lena kam mit.

»So ein verdammter *Drecksmist!*«

Einmal war er mit Papa Boot gefahren. Papa hatte gerudert, kein Wort dabei geredet und es hatte Benny gefallen, dieses schweigende, sanfte Dahingleiten, an einer grünen Weide vorbei, deren lange Zweige wie der Saum eines Ballkleides auf dem kleinen See gelegen hatten. Genauso sanft trieb jetzt der Wagen über die kaum noch erkennbare Straße. Es war ein geradezu schwereloses Schlingern und Schlittern und Drehen, dem ungesicherten Fahrbahnrand entgegen, und dann ging es auch schon abwärts, wie beim Eintauchen ins Wasser nach einem Kopfsprung, der Magen hebt sich ein wenig und der Atem steckt irgendwo fest und will nicht heraus. Sie kippten wie in Zeitlupe.

Keiner wird sich wehtun, dachte Benny.

Dann stoppte ein kurzer Ruck den Wagen.

»Drecksmist«, wiederholte Mama. »Jetzt guckt euch diese Schweinerei an, das glaub ich einfach nicht!«

Benny hätte sich die Schweinerei liebend gern angeguckt, aber es war zu dunkel, um etwas sehen zu können. Die Welt stand kopf. Er roch Lenas Haare, Zitrone oder Limette, mitten im Winter ein warmer Geruch von Sommer. Er steckte zwischen Fahrer- und Beifahrersitz fest, die Schwerkraft zog ihn nach vorn ... nach unten. Die Scheinwerfer des Wagens waren tief in den Schnee gebohrt, der sie daran gehindert hatte, sich vollends zu überschlagen.

»Wir müssen hier raus«, hörte er Mama ruhig sagen. »Wenn wir hier drin sitzen bleiben, erfrieren wir.«

»Ach, und da draußen etwa nicht?«, sagte Lena.

»Da war ein Haus oder eine Scheune oder was, nur ein paar Hundert Meter hinter uns.«

»Hab ich nicht gesehen.«

»Ich aber.«

Ansonsten war da draußen nichts, erinnerte sich Benny Kilometer um Kilometer waren sie im Kriechgang gefahren, im Scheinwerferlicht hatten die wirbelnden Schneeflocken einen alles in sich aufsaugenden Trichter gebildet. Ein einziges anderes Auto war ihnen auf der Strecke entgegengekommen, womöglich noch eine Familie auf der Flucht. Der Rest der Welt feierte Weihnachten und sie steckten mitten in der verschneiten Pampa fest – noch dazu völlig ohne Geschenke, schoss es Benny mit einem absurden kleinen Stich durch den Kopf.

»Himmel, hilf, ich glaube ...« Plötzlich klang Mamas Stimme so eingequetscht, wie er sich fühlte. »Oh, Scheiße!«

»Was denn?«

»Meine Fruchtblase ist geplatzt.«

»Deine was?«, sagte Benny.

»O nein«, murmelte Lena.

In Spielfilmen waren Unfälle dramatischer. Der Wagen explodierte, nachdem die Insassen es noch gerade so nach draußen geschafft hatten, es gab riesige Feuerbälle, herumwirbelnde Menschen, todschick. Ihr eigener Wagen war zwar unterhalb der Böschung unrettbar nach vorn gekippt, aber er ging nicht in Flammen auf und er war leicht zu verlassen. Lena konnte mühelos die Beifahrertür öffnen. Mama hatte größere Schwierigkeiten beim Rausklettern, sie ächzte laut, der Bauch war hinderlich. Aber der wäre ja nun bald nicht mehr vorhanden.

Die Fruchtblase ist geplatzt. Das Baby kommt.

Benny versuchte, seine aufkeimende Panik zu unterdrücken. Er reichte Lena den Koffer nach draußen, dann stieg er selber aus und zog die Reisetasche hinter sich her. Gut, dass sie das Gepäck nicht im Kofferraum verstaut, sondern auf die Rückbank geworfen hatten. Draußen schlug ihm eisiger Wind hart ins Gesicht, frostkalte Finger fuhren ihm durch die Haare.

Vor ihm schob Lena, den Koffer in einer Hand, Mama die Böschung hinauf. Wäre nicht alles so schrecklich gewesen, hätte er gelacht – Lena stemmte sich gegen Mamas dicken Hintern, es sah aus, als versuchte sie, einen Walfisch über eine Düne zu wälzen. Er selbst hatte erhebliche Probleme damit, den steilen Hang zu erklimmen. Der Schnee unter seinen Füßen war locker und rutschig, immer wieder zog das Gewicht der Reisetasche ihn nach unten. Er rang nach Luft. Es war ein Gefühl, als hätte jemand ihm einen eisernen Kragen um den Hals gelegt. So ähnlich musste es sein, wenn man ertrank. Er schob sich weiter voran, noch ein Stückchen ... dann streckte Lena ihm vom Straßenrand aus eine Hand entgegen.

»Dachte schon, ich komm hier nie rauf«, keuchte Benny.

»Hast ja mich, Brüderchen.«

Kurz darauf kämpften sie sich am Straßenrand entlang durch das Schneetreiben. Die Reisetasche zog immer schwerer an seinem Arm. Was war da drin, Backsteine? Er begann zu schwitzen, trotzdem war ihm elendig kalt, dieser mörderische Wind war einfach das Letzte. Er leckte sich über die Lippen. Seine Finger fühlten sich an wie Eiszapfen. Er hatte die Handschuhe zu Hause vergessen.

Sie erreichten die Scheune nach fünf Minuten. Trotz der Dunkelheit und des Schneetreibens war sie gut sichtbar, ein schwarzer Klotz hinter all dem grauen Rauschen. Mama und Lena blickten an dem hohen Gebäude empor. Ganz aus Holz. Benny rüttelte an der Tür und machte einen überraschten Schritt zurück, als sie ohne Widerstand aufschwang. Wärme und der

Geruch von Heu schlugen ihm entgegen, Heu und noch etwas anderes, Ausdünstungen. Er hörte ein Rascheln.

»Da sind Viecher drin.«

»Werden Kühe sein.«

Mama drängte an ihm vorbei. In ihrem Zustand, überlegte Benny, wäre sie vermutlich auch in eine Drachenhöhle marschiert. Ihre Beine mussten ganz nass sein, fiel ihm ein, sicher fror sie noch heftiger als er selbst. Er folgte Lena nach drinnen und zog die Tür hinter sich zu. Trotz der wenig einladenden Finsternis, von der sie empfangen wurden, fühlte er sich sofort besser. Der ihn jetzt von allen Seiten umgebende Geruch, eben noch so streng, hatte plötzlich etwas angenehm Tröstliches.

»Könnte schlimmer sein«, hörte er Lena sagen. »Jesus ist schließlich auch in einem Stall zur Welt gekommen.«

»Hör mir bloß auf mit der Heiligen Familie!«, zischte Mama. »Mach lieber mal Licht.«

»Sehr witzig. Ich hab keins.«

»Du rauchst heimlich, also hast du auch ein Feuerzeug, oder?«

»Ich rauche nicht.«

»Lena, verdammt noch mal!«

»Ach, Scheiße.«

Plötzlich sah Benny Lenas Gesicht, es trieb auf der Dunkelheit wie der Mond über einen ruhigen Nachthimmel. Ihre Augen waren riesige schwarze Höhlen, in denen winzige Lichtflecken tanzten. »Ist kaum noch Gas drin«, sagte sie. »Was machen wir, wenn es alle ist?«

Aus dem hinteren Teil der Scheune kam eine Antwort. Ein leises Ratschen ertönte. Ein Streichholz flammte auf, nur wenige Meter entfernt. »Tach auch«, sagte eine Stimme.

Der kleine Lichtkreis wanderte durch die Luft, nur die Hand, die das Streichholz hielt, war erkennbar, dann eine Petroleumlampe. Sekunden später war ein erstaunlich großer Teil der Scheune in fast gemütliche Helligkeit getaucht. Benny blickte in ein verschlafen blinzelndes Männergesicht.

Ein Penner. Rechts von dem Mann erkannte er zwei weitere Gestalten im Heu, hinter ihnen erhoben sich dunkel ein paar große Rucksäcke. *Drei Penner.*

»Ich bin der Konrad. Müssen wir raus oder was? Gehört euch die Scheune?«

Mama setzte zu einer Erwiderung an, kniff aber plötzlich die Lippen zusammen und stolperte ein wenig nach vorn. Sie atmete tief ein und wieder aus.

»O-oh«, machte Lena.

Die Petroleumlampe schwankte, als Konrad mit der freien Hand die schlafende Gestalt an seiner Seite bei der Schulter rüttelte. »Moritz, Alter, krieg den Arsch hoch! Wir müssen raus.«

»Nur keine Panik, die Scheune gehört uns nicht.« Lena zeigte auf den dritten Mann. »Wie heißt der?«

»Das ist Bubi«, sagte Konrad, »aber der ist sturzbesoffen. Den kriegt heute keiner mehr wach.«

»Lebt er noch?«

»Müsste.«

Er stupste Bubi mit dem Fuß an. Ein unwilliges Knurren ertönte, wie aus einem tiefen Brunnen herauf.

»Jo«, sagte Konrad.

»Issen da?«

Der Mann, den Konrad Moritz genannt hatte, richtete sich auf und blinzelte. Er klopfte sich ein paar Spelzen von seiner Jacke. Konrad war schmächtig und fast kahlköpfig, Moritz das genaue Gegenteil. Ein Schrank, ein Bär von einem Mann. Seine Haare hingen ihm in dichten Zotteln über Ohren und Stirn. Unmöglich einzuschätzen, wie alt oder wie jung er sein mochte. Eher älter, überlegte Benny. Das breite, unrasierte Gesicht war voller Falten.

Konrad wischte mit einer Hand etwas Heu beiseite, dann stellte er die Petroleumlampe auf den glatten Boden. Er sah fragend auf. »Wer seid ihr?«

»Wir hatten einen Unfall, der Wagen liegt ein paar Hundert Meter weiter im Graben«, sagte Lena. Sie zeigte mit einem Daumen über die Schulter.

»Schneit immer noch da draußen, was?«

»Wie die Hölle.« Lena griff in ihre Jackentasche, holte ein Päckchen West Lights hervor, fischte eine Zigarette heraus und zündete sie sich ungeniert an.

»Selbst essen macht fett, Mädel«, brummte Moritz.

Lena warf ihm die Schachtel zu. Benny konnte sich nicht erinnern, seine Schwester je so cool gesehen zu haben. Moritz grinste – er hatte erstaunlich weiße und ebenmäßige Zähne – und fing die Schachtel mit einer großen Hand auf.

Mama hatte sich wieder erholt. Sie stand breitbeinig, als hätte sie in die Hose gemacht. Unter anderen Umständen hätte Benny das witzig gefunden. Sie sah die beiden Männer ruhig an. »Hat einer von Ihnen ein Handy?«

»Hab ich zu Hause in meiner Villa liegen lassen.« Konrad lachte leise. »Frau, ich hab nicht mal ordentliche Schuhe! Hier, guck mal.« Ein Fuß wedelte in der Luft herum. Das schwarze Kunstleder des Schuhs war dreckig und wirkte wie zerrieben. »Die Treter trag ich seit sechs Monaten, ich war deshalb schon auf dem Amt, ist ein Skandal, mitten im Winter, aber die Alte da meinte –«

»Entschuldigung, aber das interessiert mich nicht wirklich«, sagte Mama.

»Nee?« Konrad ließ den Fuß sinken. Er betrachtete seinen Schuh mit einer Art zärtlicher Neugier, als sehe er ihn das erste Mal. »Viel mehr Unterhaltung kann ich Ihnen aber nicht bieten, Frau.«

»Sie kriegt ein Baby«, hörte Benny sich sagen. Neben ihm tippte Lena Asche von ihrer Zigarette und nickte.

»Hab ich schon bemerkt.« Konrad zeigte auf Mamas Bauch. »Bin ja nicht blind.«

»Aber sie kriegt es *jetzt*. Die Fruchtblase ist geplatzt.«

»Ach …« Etwas an Konrads Haltung veränderte sich. Es sah fast aus, als würde er noch kleiner werden. »Ist nicht euer Ernst, oder?«

»Ernster geht's nicht«, sagte Mama.

Benny hoffte, sie würde noch eine Weile die Ruhe bewahren.

Er sah sich hilflos um. An der Holzwand neben der Scheunentür bemerkte er eine Reihe von Schaltern. Er wusste nicht, warum, aber aus irgendeinem Grund dachte er, die bevorstehende Geburt wäre mit ausreichender Beleuchtung besser für Mama zu verkraften.

»Vergisses, Kleiner.« Moritz hatte sich eine von Lenas Zigaretten angesteckt, die Packung verschwand in seiner Hemdentasche. »Irgendwo is die Leitung gekappt, deshalb is kein Strom nich. Aber stehn genügend Lampen rum.«

Und genügend Kühe, dachte Benny, der den Blick weiter durch die Scheune schweifen ließ. Die Tiere regten sich kaum, sie standen in einer dichten Reihe entlang der linken Scheunenwand. Zehn Kühe, vielleicht auch mehr, nach hinten hin wurde das Licht schwächer.

Schwarz-weiß und braun. Gutmütige Augen blinzelten ihn an. Ein paar der Kühe zermalmten gelangweilt Heu zwischen den Kiefern.

»Wollten se nich anmachen, die Laternen, damit von draußen keiner nich was sieht«, fuhr Moritz fort. »Wenn der Bauer kommt ...«

»Es ist zwar Heiligabend, aber der Bauer kreuzt sicher nicht auf, um seinen Kühen Geschenke zu bringen.« Mamas Blick war immer noch starr auf die Männer gerichtet. »Das Einzige, was hier gleich garantiert kommt, ist mein Kind.«

Diese Ruhe in ihrer Stimme war nur aufgesetzt, erkannte Benny. So sprach sie sonst nicht. Sie hatte Angst. Und Lena war auch nicht wirklich cool, sie bemühte sich nur, Haltung zu bewahren, vermutlich Mama zuliebe. Man konnte es daran erkennen, wie sie an ihrer Zigarette zog und wie sie den Rauch inhalierte, zu schnell und zu tief. Sie machte einen kleinen Schritt nach links, dann nach rechts, als wollte sie davonlaufen, hätte sich aber noch nicht für eine Richtung entschieden.

Moritz schien die Nervosität der Frauen ebenfalls bemerkt zu haben. Er fuhr sich mit einer Hand über das stoppelige Kinn, dann sah er zu Konrad. »Komm schon, Alter.«

Konrad hatte den Kopf gesenkt. Er starrte seine Hände an, als wären sie Fremdkörper. »Nee, Mann«, erwiderte er sehr leise. »Nee, echt. Das ist zu lange her.«

»Was ist zu lange her?«, fragte Lena. Sie ließ die Zigarette zu Boden fallen und trat mit dem Hacken den Stummel aus.

Moritz reckte stolz den Kopf. »Unsern Konrad hier, der wa ma Krankenwärter.«

»Krankenpfleger, du Penner!«

»Is doch kackegal, Mann!«, röhrte Moritz.

»Das ist ein Unterschied! Wärter bist du in der Klapsmühle, verstehst du?«

»Kackegal!«

»Aber was ein richtiger Pfleger ist, der –«

»Haben Sie schon mal ein Kind auf die Welt gebracht?«, schnitt Mama ihm das Wort ab.

Konrads Mund klappte zu. Er sah unsicher zu Boden.

»Haben Sie?«

»Das ist Frauensache, so eine Geburt«, murmelte Konrad, »ein Pfleger hat da nichts bei verloren. Aber ich hatte mal was laufen mit einer Hebamme. Ich kenn mich aus mit Entbindungen. Wir haben zusammen Videos geguckt.«

»Ich fass es nicht«, flüsterte Lena Benny zu. »Was waren das für Filme? *Kaiserschnitt am Wörthersee? Die Rückkehr der Killer-Hebammen?«*

»Konrad, sehen Sie mich an, bitte«, sagte Mama.

Er hob langsam den Blick.

»Trauen Sie es sich zu oder nicht?«

»Mannomann«, sagte er kopfschüttelnd. »Ich weiß nicht. Ich weiß einfach nicht. Mannomann.«

»Meine Kinder machen keine Schwierigkeiten bei der Geburt, Konrad. Es ging immer ganz schnell, Benny und Lena haben keine Stunde gebraucht.«

»Die sind jetzt aber schon älter, dein Körper ist das nicht mehr gewöhnt.« Konrad suchte mit seinem Blick die Dunkelheit hinter Bennys und Lenas Rücken ab. »Oder hast du noch was Kleineres versteckt irgendwo?«

»Seh ich aus wie Schneewittchen?«, schnappte Mama. Moritz kicherte. Neben ihm wälzte Bubi sich grunzend auf die Seite. Der würde wirklich nichts mitkriegen, dachte Benny. Aber er würde sich verdammt wundern, wenn er irgendwann aufwachte.

Konrad sah von Mama zu Lena, von Lena zu Benny, von Benny wieder zurück zu Mama. Er fuhr sich mit einer Hand über die Stirn, als wäre er schrecklich erschöpft. Dann atmete er tief durch. »Na gut.« Er stand auf und klopfte sich Heu von der Hose. »Erst mal brauchen wir sofort Wasser.«

Mama schloss die Augen. Um ihre Lippen lag jetzt wieder dieser schmerzverzerrte Zug.

»Wir haben einen Kocher. Moritz?«

»Jo«, machte Moritz. Er drehte sich um und begann, seine Sachen zu durchwühlen. »Muss aber wer Schnee holen von draußen für.«

»Den hole ich Ihnen«, sagte Benny.

»Kannst mich ruhig duzen. Ich heiß Moritz.«

»Moritz.«

»Dann ma husch. Da drüben stehten Eimer.« Den Kopf immer noch in seinem Rucksack, zeigte er auf eine Stelle an der Wand neben den Kühen. »Volltanken, bitte.«

Benny holte den Eimer. Als er die Scheunentür aufdrückte, hörte er Konrad sagen: »Hier, Frau, leg dich hin, auf meinen Schlafsack.«

»Moment mal ... Ist der auch sauber?«

»Halt die Klappe, Lena.«

Er schaufelte mit beiden Händen Schnee in den Eimer. Der Sturm hatte nicht nachgelassen. Wenn überhaupt, schneite es noch heftiger als zuvor. Sie würden die ganze Nacht hier feststecken. Mama würde das Baby in dieser Scheune zur Welt bringen. Ein Penner war ihre Hebamme. Konrad war früher Krankenpfleger gewesen, aber warum war er es heute nicht mehr? Und Moritz, welchen Beruf hatte Moritz gehabt? Niemand kam als Penner auf die Welt, oder? *Lieber Gott, lass alles gut gehen, lieber Gott, lass alles gut gehen, lieber Gott ...*

Ihm war zum Heulen zu Mute, aber Heulen, hatte Papa

irgendwann zu ihm gesagt, Heulen war etwas für Memmen. Er war keine Memme. Er grub die Hände tiefer in den Schnee und schaufelte schneller.

Als er die Scheune wieder betrat, sah er Mama auf dem Boden liegen, zwei Schlafsäcke neben Bubi. Konrad kniete besorgt neben ihr, dafür war Moritz jetzt auf den Beinen. Er hatte einen Gaskocher aufgebaut - *zu klein,* dachte Benny, *wie viel Wasser braucht man bei einer Geburt und wofür eigentlich?* - und schien froh zu sein, etwas zu tun zu bekommen, als Benny ihm den mit Schnee gefüllten Eimer übergab.

»Also«, sagte Moritz, »ich hab mir das überlegt. Ich will Pate sein von dem Panz, wenns da ist.«

»Kein Problem«, japste Mama. Ihr Gesicht war so rot, als hätte sie minutenlang die Luft angehalten. Sie hatte beide Hände auf den Bauch gelegt, über den sich ihr Kleid spannte.

»Sie hat schon Wehen«, sagte Lena zu Benny. Ihre Stimme schwankte ein wenig. »Bei manchen Frauen geht das schneller als bei der Feuerwehr.«

»Solln Röckchen tragen bei der Taufe«, fuhr Moritz unbeirrt fort. Er stand vor dem Kocher, der Eimer wirkte winzig in seiner großen rechten Hand, und sah verträumt in die Luft. »Mit son Gefrissel drumrum, rosa fürn Mädchen, blau fürn Jungen. War noch nie bei ner richtigen Taufe nich dabei un ...«

»Komm in die Gänge, Moritz!«, blaffte Konrad. »Wenn du noch länger nur blöd rumstehst, wird das Wasser von alleine warm.«

»Nu mach dir ma nich gleich ins Hemd.« Moritz beugte sich

über den Kocher. Ein Streichholz ratschte. Eine blaue Flamme schoss zischend nach oben. Moritz stellte den Eimer darüber. »Wo issen überhaupt der Kindsvater? Wassen das für einer, wo ne schwangere Frau alleinlässt?«

»Er ist zu Hause, betrunken.« Auf Mamas Stirn glänzten jetzt unzählige winzige Schweißperlen. »Vielleicht lernt ihr ihn nächstes Jahr unter irgendeiner Brücke kennen.«

»Dem hau ich auffen Kopp, wennichen seh«, grummelte Moritz. »Ne schwangere Frau im Stich zu lassen! Meine Mira, die hätt ich niemals nich im Stich gelassen.«

»Ist das Ihre Frau?«, fragte Benny.

Moritz hob ruckartig den schweren Kopf, es blitzte in seinen Augen. »Du sollst mich gefälligst duzen un sie is tot!«

Er wandte sich wieder dem Eimer zu. Benny musterte ihn vorsichtig von der Seite. Manchmal, wenn er seinen Vater vermisste, obwohl er sich in ein und demselben Zimmer mit ihm aufhielt, hatte er das Gefühl, als sei ein Teil von ihm von einer bösartigen Schwärze verschluckt worden. Dieselbe Schwärze, stellte Benny jetzt fest, fraß auch an Moritz. Er war ein Mann, der eine Mira brauchte, aber eines Tages war seine Mira gestorben und nun war Moritz nur noch halb und er wanderte durch die Welt auf der Suche nach seiner fehlenden Hälfte, womöglich für immer. Ja, so in etwa.

Mama schrie auf. Konrad legte ihr eine Hand auf die Stirn. »Die Kinder sollen verschwinden«, sagte er. »Die müssen das nicht mit angucken.«

»Ich bleibe hier. Ich will das sehen«, sagte Lena.

»Ich auch«, sagte Benny, der ganz und gar nicht sicher war, ob er das sehen wollte.

»Wassen jetz?«, sagte Moritz.

»Frau, sag doch auch mal was«, sagte Konrad.

Mama sagte gar nichts mehr, sie keuchte nur noch. Hechelte. Einen solchen Laut hatte Benny noch nie von einem Menschen gehört. Er fühlte, wie seine Knie weich wurden.

»Geht schon los. Mannomann.« Konrad sprang auf und sah sich hektisch um. In seiner Aufgeregtheit machte er keinen besonders vertrauenerweckenden Eindruck.

»Was ist in dem Koffer und in der Tasche da? Wir brauchen frische Wäsche, Stoff, irgendwas.«

»Stoff wär gut«, sagte Moritz trocken.

»Mal sehen, hier.« Konrad hatte sich über den Koffer gebeugt und ihn aufschnappen lassen. Er zog wahllos Kleidungsstücke daraus hervor, unter anderem Mamas Frottee-Bademantel. »Ah, der ist gut! So, ich zieh dich jetzt aus, Frau.«

Die Antwort war ein so lautes Brüllen, dass Benny glaubte, die Scheune würde über ihnen zusammenbrechen. Unglaublich, aber die Kühe kauten friedlich weiter ihr Heu. Er konnte jetzt unmöglich zu Mama hinsehen, er konnte nicht ...

»Hilf mir mal, Moritz«, sagte Konrad.

»Nee, du. Ich kann kein Blut nich sehn. Ich bleib bei meinem Eimer.«

»Stell dich nicht an.«

»Wenn ichs doch nich kann! Ich brauch nen Schluck –«

»Du bleibst von der Pulle weg, du verdammter Penner!«

»Ey, mach mich nich an, Alter!«

»Halt's Maul – nee, Frau, du nicht – Moritz, du hältst sie bei den Schultern, verstehst du, und wenn es losgeht, dann ...«

»Das pack ich nicht«, sagte Lena. »Gib mir mal 'ne Kippe, Moritz. Ich gehe raus, eine rauchen. Oder auch zwei.«

Moritz griff in seine Hemdentasche und warf Lena ihre Schachtel zu.

»Kommst du mit?«, wandte Lena sich an Benny.

Als die Tür der Scheune sich hinter ihnen schloss, war von Mamas Schreien nichts mehr zu hören. Benny entspannte sich ein wenig. Die kalte Luft tat ihm gut. Weder Sturm noch Schneefall hatten nachgelassen. Er zitterte am ganzen Körper, aber das lag nicht am Wind ...

Er spürte, wie Lena einen Arm um seine Schulter legte, und kuschelte sich an sie. »Wenn wir hier nicht wegkommen, ist das dann gefährlich für das Baby?«

»Nee.« Lenas Feuerzeug klickte, dann glühte ihre Zigarette auf. »Nicht, wenn bei der Geburt alles glattgeht. Konrad weiß schon, was er macht. Ich meine, früher haben die Frauen ihre Kinder auch allein gekriegt, ohne Krankenhaus und alles. Läuft alles über Instinkt, weißt du?«

Was er wusste, dachte Benny, war, dass früher manche Frauen bei der Geburt ihrer Kinder gestorben waren. Er zog seine Jacke enger um sich und kuschelte sich noch dichter an Lena.

»Ich frag mich«, sagte sie, »was Typen wie Konrad oder Moritz auf die Straße treibt. Oder? Ich meine, die sind doch nett und alles.«

»Moritz vermisst seine Frau«, sagte Benny.

Er dachte an den Moment, als er versucht hatte, die Böschung zu erklimmen. Vielleicht war es das, was ein Mensch empfand, bevor es ihn aus der Bahn warf. Um dich herum ist Nacht, ein Gewicht zieht an dir, du kannst es einfach nicht loswerden und es ist kalt, und sosehr du dich auch bemühst, nach oben zu kommen, es zieht dich doch immer weiter nach unten. Du ertrinkst, mitten in der klaren Luft. Und vielleicht, schoss es ihm plötzlich durch den Kopf, vielleicht zog ein ähnliches Gewicht an seinem Vater. Seit er sich erinnern konnte, war Papa mürrisch, schnell aufgebracht und jähzornig. *Da stimmt irgendwas nicht. Aber wie soll man jemanden fragen, was mit ihm los ist, wenn man dafür angebrüllt wird oder einen Schlag hinter die Ohren bekommt?*

»Eigentlich«, sagte er langsam zu Lena, »machen Eltern ein Kind doch deshalb, weil sie sich lieben, oder?«

»Ja, eigentlich. Aber manche Eltern machen eins, weil sie denken, sie *würden* sich dann wieder lieben. Ich sag dir was, Brüderchen: Da kommen harte Zeiten auf uns zu.«

»Wenn Papa hier wäre –«

»Ist er aber nicht.«

»Ich meine ja auch nur. Wenn er wüsste, dass Mama hier das Baby kriegt und alles ...« Benny hörte seine eigene Stimme versickern. Der um ihn herumwirbelnde Schnee nahm sie einfach mit.

»Es wäre ihm egal. Ich weiß, du hörst das nicht gern, aber glaub mir, Benny: Es wäre ihm scheißegal.« Lena drehte sich um und betrachtete die hohe Scheune. »So, und jetzt geh ich da rein und halte Mama die Hand. Ein Bruder oder eine Schwester ist eigentlich kein schlechtes Geschenk zu Weihnachten, was meinst du?«

Die Kippe wurde fortgeschnippt. Sie trudelte mit einem orangeroten Leuchten durch die Dunkelheit wie eine winzige Sternschnuppe. Benny hörte, wie Lenas Schritte sich entfernten, wie die Scheunentür aufschwang, wie Mama da drinnen schrie und Konrads Stimme: »Pressen, Frau, pressen!«

Hoffentlich ist es ein Bruder. Dann bin ich sein großer Bruder. Ich pass auf ihn auf, und wenn Papa nicht mit ihm spielen will, spiele ich mit ihm und heulen darf er auch. So viel er will.

Benny legte den Kopf in den Nacken. Vielleicht gefroren Tränen zu Eis, wenn man zu lange in der Kälte stand, obwohl sie aus Salzwasser waren, und Salzwasser gefror nicht, oder? Noch fühlte es sich jedenfalls gut an, sie einfach laufen zu lassen. Es war, überlegte er, das beste Weihnachtsgeschenk, das er sich selbst in diesem Moment machen konnte.

Quellennachweise

Elmer

Vorabdruck unter dem Titel *Das Lecker* in der Zeitung DIE ZEIT, Ausgabe Nr. 46 vom 4. November 2004; © Andreas Steinhöfel, 2004

Nächster Parkplatz 200 m

Aus: Maria Rutenfranz (Hrsg.), Endlich wieder Ferien!; © Deutscher Taschenbuch Verlag GmbH & Co. KG, München 1998

Bruders Hüter

Aus: Dorothee Dengel (Hrsg.), Ich mit dir und du mit mir. Geschwistergeschichten; © Deutscher Taschenbuch Verlag GmbH & Co. KG, München 1998

Froschmaul

Aus: Maria Rutenfranz (Hrsg.), Ab in die Ferien!, unter dem Titel *Gekidnappt!*; © Deutscher Taschenbuch Verlag GmbH & Co. KG, München 1997

Novemberwind

Aus: Andreas Steinhöfel, Froschmaul - Geschichten, © Carlsen Verlag GmbH, Hamburg 2006

Inger

Aus: Maria Rutenfranz (Hrsg.), Unterwegs. Geschichten für die ganze Familie; © Deutscher Taschenbuch Verlag GmbH & Co. KG, München 2001

Aus dem Äther

Aus: Andreas Steinhöfel, Froschmaul - Geschichten, © Carlsen Verlag GmbH, Hamburg 2006

Helle Nacht

Aus: Christine Knödler (Hrsg.), Weihnachtsalarm. Noch 14 Geschichten bis zum Fest; © Carlsen Verlag GmbH, Hamburg 2002

Noch nicht genug bekommen? Hier geht es spannend weiter!

Leseprobe aus »Die Kurzhosengang« von Victor Caspak und Ives Lanois

Der Mann fragt, ob wir die Kurzhosengang sind.

Wir nicken, ja, wir sind die Kurzhosengang.

Er fragt, was wir davon halten würden, unsere Fahrräder woanders hinzustellen.

Wir schütteln die Köpfe, nein, die Kurzhosengang hält nichts davon, ihre Fahrräder woanders hinzustellen.

Der Mann sagt, wenn das so wäre, dann müsste er handgreiflich werden.

Darauf lächelt die Kurzhosengang. Niemand legt sich mit uns an. Das ist in ganz Kanada bekannt. Die Kurzhosengang braucht bloß ihre Muskeln anzuspannen, dann wird der Mann schon sehen, was er davon hat.

Die Kurzhosengang spannt ihre Muskeln an.

Mehr braucht es nicht.

Der Mann dreht sich um und geht wieder an seinen Platz.

*

Snickers steigt als Erster vom Fahrrad. Er zieht die Hose hoch und kneift die Augen zu, als würde ihn die Sonne blenden. Ich steige als Zweiter vom Fahrrad und nicke ein paar Mal, weil ich auf alle Fragen eine Antwort weiß. Island dreht den Zündschlüssel, klappt den Seitenständer raus und stellt sein Fahrrad ab, als wäre es ein Chopper mit Breiträdern und einem Fuchsschwanz am Spiegel. Nur Zement bleibt sitzen. Zement braucht für alles eine Weile länger. Er ist noch nicht vor dem Fernsehstudio angekommen. Zwar steht er mit uns direkt davor, doch in seinem Kopf ist er noch auf dem Weg hierher. Erst als Snickers sagt: »He, Zement, wir sind da!«, sieht Zement sich um und steigt vom Fahrrad.

Ich glaube, einen wie Zement überrascht es immer wieder, wie schnell das Ankommen geht.

*

Die Leute fragen oft, was es denn Wichtiges über die Kurzhosengang zu wissen gibt. Hier sind die fünf wichtigsten Punkte:

1) Die Kurzhosengang sitzt im Kino immer in der siebten Reihe auf den Plätzen 22, 23, 24 und 25. Wir gehen nur am Samstagnachmittag ins Kino. Die Kurz-

hosengang würde sich lieber die Filme im Abendprogramm ansehen, das könnt ihr mir glauben. Filme wie *Blutiges Massaker* oder *Tot und begraben und dreimal draufgehauen.*[3] Da wir aber nun mal elf Jahre alt sind, haben wir keine große Wahl.

2) Zwar feiern wir erst nächstes Jahr unseren zwölften Geburtstag, dennoch wissen wir, wo der Bus abfährt. Einmal im Monat fahren Snickers' Eltern übers Wochenende aufs Land und dann bekommt Snickers von der ganzen Gang Besuch. Das ist dann was. Kaum haben die Eltern die Wohnung verlassen, sprintet Snickers zum Telefon und ruft uns an.
»Die Luft ist rein!«
Fünf Minuten später erklingt vor dem Haus ein Dröhnen. Island bremst, kickt den Seitenständer seiner Maschine raus und prüft seine Frisur im Chrom des Auspuffs. Gleichzeitig komme ich quietschend um die Kurve und berühre mit einem Knie den Asphalt. Zement folgt mit einer Minute Verspätung

3 Im Originaltext *Bloody Massacre* und *Dead, Buried and Hit Three Times over the Head with a Shovel*. In keiner internationalen Filmdatenbank aufgeführt. Die Titel sind vermutlich eine Erfindung der Autoren, was Caspak und Lanois allerdings heftig bestreiten: Es handele sich hier um unabhängig produzierte Werke kanadischer Underground-Filmemacher (»... even *under* underground, you know«; Lanois).

und weiß eigentlich noch nicht, dass er schon losgefahren ist.
Im Wohnzimmer erwarten uns dann Fernseher und Videorekorder und Tüten mit Chips. Die Kurzhosengang ist ein Riesenfan von Horrorfilmen. Am liebsten etwas mit Vampiren und viel Blut und einer Menge Geschrei. Snickers' Schwester besorgt uns die Filme aus der Videothek. Sie ist neunzehn und das schönste Mädchen in ganz Kanada. Jeder von uns will sie mindestens zweimal heiraten. Snickers ausgenommen, er ist ja ihr Bruder. Zement ist da auch ausgenommen, weil er noch nicht mitbekommen hat, wer Snickers' Schwester ist. Ihm geht das alles zu schnell. Wenn Snickers' Schwester ins Wohnzimmer reinschaut und uns bittet, den Ton leiser zu stellen, stellen wir den Ton leiser. Dabei klappt uns der Mund auf, weil sie so großartig aussieht. Und wenn dann Snickers' Schwester wieder die Tür zugemacht hat, sage ich meistens:
»Wow, sieht die toll aus!«
Und Zement sagt dann meistens:
»Mann, wieso habt ihr den Ton leiser gestellt?«
Ich glaube, man müsste Snickers' Schwester für eine halbe Stunde auf einem Stuhl festbinden und Zement direkt davorsetzen, damit er sie wirklich sieht. Zement sieht nur die Dinge, die er schon kennt. Und manchmal wundern wir uns, wie er unbeschadet über eine

Straße laufen kann. Er kennt doch nicht jedes Auto. Es ist ein Rätsel.

3) Die Namen der Mitglieder der Kurzhosengang sind natürlich nicht unsere richtigen Namen. Niemand wird geboren und heißt Snickers oder Island oder Zement. Auch würde keine Mutter ihr Kind Rudolpho nennen.[4] So was nennt man *inkognito sein*. Wenn jeder wüsste, wer die Mitglieder der Kurzhosengang sind, dann würde hier aber die Post abgehen, das lasst euch mal gesagt sein.

4) Wir leben in einer kleinen kanadischen Stadt, in der jeder schon mal mit dem anderen gesprochen hat. Wenn wir auf die Straße gehen, sehen wir anders aus als zu Hause. Wir gucken und laufen und reden anders. Wir sind dann lässig wie Eiswürfel am Strand von Tahiti. Unsere Eltern gehen an uns vorbei und denken: *Da ist ja wieder die Kurzhosengang*. Sie denken nicht: *Da sind ja unsere Kinder*. Die Kurzhosengang hat

4 Mit Ausnahme der Mutter von Rudolph Valentino (amerikanischer Schauspieler und Stummfilmstar, 1895–1926). Gefeiert als »größter Liebhaber aller Zeiten« war der Hollywoodstar dem kanadischen Filmpublikum unerklärlicherweise verhasst. Aus Kummer darüber entwickelte er ein Magengeschwür, das sich am 23. August 1926 öffnete. Weltweit folgten ihm viele, vor allem weibliche Fans in den Tod, indem sie von Brücken sprangen und dergleichen.

keine Kinder als Mitglieder. Wir tun nur so, als ob wir Kinder wären.

5) Die Kurzhosengang wurde mitten im Winter zur Kurzhosengang. Dieser Tag stellt ein bedeutendes Datum in der Weltgeschichte dar. Viele Schulbücher mussten umgeschrieben werden und trotzdem steht in allen das Falsche. Denn was genau an diesem Wintertag passiert ist, weiß eigentlich keiner. Viele glauben es zu wissen. Sie sagen dies und sie sagen das. Dabei wissen sie rein gar nichts.
Wenn man die Kurzhosengang fragt, dann schütteln wir unsere Köpfe. Denn es geht niemanden an, was genau an diesem Tag passiert ist. Die Mitglieder der Kurzhosengang schweigen wie vier tiefe Gräber auf einem Friedhof voller Vampire. Überall ist Nebel zu sehen und da steht einer der Vampire und wedelt mit seinem Umhang und *tschak* kriegt er einen Pflock vor die Brust. Wo kommt der Pflock her? Da tritt aus dem Nebel ein junger Mann. Er hat kurzes Haar und sieht richtig toll aus. Er ist verliebt in ein Mädchen, das die Schwester seines Kumpels ist. Das Mädchen ist viel zu alt für den jungen Mann, aber so spielt nun mal das Leben.
Der junge Mann bin ich.
Ich oder auch kurz Rudolpho genannt.

Und das hier geschah an dem Tag, an dem sich die Welt veränderte und die Kurzhosengang zu ihrem Namen kam.
Wieso ich das verrate, fragt ihr euch jetzt sicher. Und das auch noch im Fernsehen vor einem Publikum. Ich verrate es euch, weil ich genug davon habe, dass was Falsches in den Büchern steht.
Leiht euch einen Kuli, streicht das Falsche durch und schreibt das Richtige rein.
So wird das gemacht.

*

Wir hatten Sportunterricht. Draußen schneite und stürmte es, während wir durch die Turnhalle liefen und einem Basketball hinterherjagten. Basketball ist in Kanada so beliebt wie Turmspringen in der Sahara. Wir lieben Eishockey. Wir wachen am Morgen auf und denken an Eishockey, wir schlafen am Abend ein und träumen von Pucks.[5] Ich kenne keinen Jungen, der Eishockey nicht mag. Ich kenne eine Menge Jungs, die Basketball bescheuert finden. Eine ganze Turnhalle voll.

5 Eine Anspielung auf Shakespeares »Sommernachtstraum«, wo der Elf Puck maßgeblich die Handlung um vier (!) menschliche Liebende bestimmt. Siehe hierzu auch O. Roben: *The Boys and the Bards: How the Short Ones Relived Shakespeare and Other Poets;* Hamlet Assoc. Press, 2002.

Unser Sportlehrer heißt Kniescheibe und wiegt vielleicht zweihundertsechsundzwanzig Kilo. Er war früher ein toller Eishockeyspieler, dann gingen bei einem Zusammenstoß seine Kniescheiben kaputt und er wurde Sportlehrer. Dazwischen fing er an zu essen und aus einem kräftigen Mann wurde eine wandelnde Tonne. Auch die Stimme von Kniescheibe hat sich dabei verändert. Sie klingt wie die Stimme von jemandem, der gleich explodiert und jeden um sich herum mit Blut und Gedärmen bespritzt. Kniescheibe ist immer wütend, wenn er mal nicht wütend ist, dann ist er bestimmt tot. Und so klingt es, wenn Kniescheibe nach einem ruft:

»BEWEG DEINEN PUDERHINTERN SOFORT HIERHER, DU KLEINER WICHT, DER NOCH NICHT MAL EINEN BALL HALTEN KANN. WO HAST DU DAS GELERNT, HM? DENKST DU, DER BALL IST MIT SUPERKLEBER EINGESCHMIERT? PACK IHN AN, PACK IHN RICHTIG AN, DU WANZE, NUN MACH SCHON.«

Es gibt auf unserer Schule vielleicht hundert Schüler und alle wissen, was Kniescheibe für einer ist. Von diesen hundert Schülern brach garantiert schon die Hälfte in Tränen aus, nachdem Kniescheibe sie das erste Mal angeschrien hatte. Andere Lehrer dürfen das nicht. Kniescheibe darf es nur, weil er mal einer der bekanntesten Eishockeyspieler Kanadas war.[6]

»WAS SCHAUST DU SO DÄMLICH? IST DAS HIER EIN FERIENCAMP? SUCH DEN BALL, DU SOHN EINER AVOCADO, SUCH IHN UND MACH SCHNELL, SONST FALTE ICH DEINE OHREN, BIS SIE ANLIEGEN.«

Das Dumme an Kniescheibe ist, dass er Eishockey hasst, seitdem seine Kniescheiben kaputt sind. Für uns heißt das Basketball, Volleyball und Bodenturnen. Es heißt Fußball und Handball und Langstreckenlauf.

Wir gehen auf die traurigste Schule der Welt.

Und niemand konnte an diesem Tag wissen, dass die traurigste Schule der Welt nur noch einige Minuten hatte, bevor sie völlig von diesem Planeten verschwand.

*